山东省高水平应用型立项建设专业(群)项目成果

中国竞技体育教练员管理体系研究

种莉莉　著

山东大学出版社

图书在版编目(CIP)数据

中国竞技体育教练员管理体系研究/种莉莉著.—济南:山东大学出版社,2019.5

ISBN 978-7-5607-6340-8

Ⅰ.①中… Ⅱ.①种… Ⅲ.①竞技体育—教练员—组织管理—研究—中国 Ⅳ.①G808.191

中国版本图书馆 CIP 数据核字(2019)第 096835 号

责任策划:武迎新
责任编辑:武迎新
封面设计:张　荔

出版发行:山东大学出版社
社　址　山东省济南市山大南路 20 号
邮　编　250100
电　话　市场部(0531)88363008
经　销:新华书店
印　刷:泰安金彩印务有限公司
规　格:880 毫米×1230 毫米　1/32
6.75 印张　169 千字
版　次:2019 年 5 月第 1 版
印　次:2019 年 5 月第 1 次印刷
定　价:36.00 元

前　言

在“人才成就未来”的大环境下，教练员在竞技体育发展中的地位和作用日益凸显。一支高水平的教练员队伍是竞技体育系统得以正常运转的核心要素，是其他任何资源无法替代的。而要想拥有一支优秀、稳定的教练员队伍和充足的教练员资源储备，就必须拥有一套能卓有成效运转的教练员资源管理体系。体育强国战略目标的提出，使我们必须从更高起点上思考中国体育的未来，思考竞技体育的发展，从而也要从更高、更深层次上去思考教练员队伍的管理。

对计划经济体制下所形成的管理体制的惯性依赖，使得现行教练员管理体系滞后于转型期社会发展的需要。随着市场经济对竞技体育日益深入的影响，举国体制与竞技体育职业化、商业化的交锋在所难免。原有的竞技体育教练员管理组织、制度、权益划分和运行机制面临着时代的拷问和挑战，行政型管理的弊端一一浮现，高层次竞技体育教练员匮乏成为制约中国竞技体育快速发展的瓶颈。管理出人才，管理出效益，因此，竞技体育教练员管理体系的改革与完善成为当前亟须解决的问题。

教练员管理体系的改革与完善，既是顺应人才建设国际化、现代化的整体趋势，有效参与国际竞争的需要，也是为了满足转型期我国社会和经济发展新的需求，实现竞技体育发展方式的转变，以确保我国竞技体育可持续健康发展、实现体育强国战略目标和提升国际体育软实力的需要。但笔者在文献梳理的过程中发现，现有研究重点集中在教练员现状的调查、教练员的培养以及教练员素质等方面，有关教练员管理的研究还相对薄弱，在数量、质量和深度、广度等方面均相对有限。当前，学界有关我国竞技体育教练员管理的研究大多围绕教练员管理的某一环节或方面开展，忽视了不同管理要素之间的匹配与整合，忽视了管理中整体效能的发挥，也忽视了微观研究与宏观研究的有机整合。从系统的角度对我国体育教练员管理问题进行整体性研究的相关成果更是凤毛麟角。

本书以省级以上体育系统竞技体育教练员为主要研究对象，综合运用文献资料法、调查法、案例研究法、比较分析法、专家访谈法、数理统计法等研究方法，以社会转型为切入点，通过对体育管理体制的变革、人力资源管理的改革、教练员群体的现状与特点以及社会转型对竞技体育教练员管理的影响等内容的研究，围绕竞技体育教练员管理的理念、组织、制度和运行机制，尝试构建新的竞技体育教练员管理体系，旨在为完善竞技体育教练员的管理，进而为保障竞技体育的可持续健康发展和举国体制的进一步完善提供借鉴。

本书的主要观点如下：

1. 中国社会改革的政府主导性和渐进性，决定了我国竞技体育教练员管理的改革也将具备同样的特征，并且将长时间处于新旧体制交叠之中，其完善势必需要不断探索和改革。

2. 发达国家的竞技体育教练员管理是一种法治框架下的社会化管理，教练员管理的职业化和规范化程度较高。我国竞技体育教练员管理依然是人治为主的行政型管理。

3. 与 2005 年调研数据相比，我国竞技体育教练员总量相对稳定，学历结构得以提升，年龄结构和职称结构也呈现出进一步优化的趋势；但同时也存在总量不足，高层次、领军型教练员人才匮乏，地区分布、项目分布不均衡，导致教练员人才的奇缺与积压现象并存。

4. 管理理念的滞后是导致竞技体育教练员管理中各类矛盾的根本原因，而体制僵化是造成教练员管理缺陷的直接诱因。

5. 随着全球一体化和体育国际化发展进程的加速，我国竞技体育教练员管理应立足国际化背景下思考完善途径。同时，竞技体育教练员的管理又是我国体育管理的有机组成部分，因此，在突破原有管理范式的同时，也要立足现实国情，构建与社会高度契合的、具有发展性和前瞻性的新型管理体系。

6. 从提升人力资本的角度入手，创新构建职能有机统一的竞技体育教练员管理体系。更加注重竞技体育教练员管理的整体性和协同性，达成管理环节之间的横向匹配和纵向疏通，以促使教练员管理工作走向规范化、有序化和科学化。

7. 在管理理念方面，以立足全球、整体协同、以人为本、多元管理、服务为先、法治为主、持续创新和发展以及重视效能等理念指导新时期竞技体育教练员管理体系的构建。

8. 在管理组织方面，建立以教练员资质管理组织、聘用组织和中介组织为基本架构的水平分工型组织体系，并设立第三方监管机构，形成行政组织与社会组织分工合作、协调互补、相互制衡的组织体系，让竞技体育教练员管理组织走向性质多元、合理布局、协作共赢的格局。

9. 在管理职权划分方面，建立与组织架构相匹配的职权体系，理顺各类产权关系，在利益整合的基础上重新进行利益分配，并规范获利行为，以正确的价值取向引导多方利益博弈走向协调、平衡。

10. 在管理制度方面，建立与组织架构和职权划分相适应的制度体系，围绕职业资格管理制度、职业市场规范制度、利益分配制度以及相关保障制度等，构建完备的制度体系。

11. 在运行机制方面，需要建立并不断完善协同、竞争、激励、监督约束、培养、评价以及流动等机制，以确保竞技体育教练员管理系统得以高效运作。

作　者

2019 年 3 月 6 日

目　录

导　论 …………………………………………………………… (1)

第一章　竞技体育教练员的研究现状与理论基础 …………………………………………………… (10)

第一节　竞技体育教练员的研究现状 ……………………… (10)

第二节　理论基础 ……………………………………………… (49)

第二章　竞技体育教练员的特性与管理 ……………… (57)

第一节　竞技体育教练员的特性 …………………………… (57)

第二节　竞技体育教练员的管理 …………………………… (64)

第三章　我国竞技体育教练员管理的演进 ………… (68)

第一节　我国竞技体育管理体制的历史变革 ……………… (68)

第二节　我国竞技体育教练员管理的演进 ………………… (80)

第四章　国外竞技体育教练员管理状况 ……………… (91)

第一节　美国竞技体育教练员管理 ………………………… (92)

第二节　英国竞技体育教练员管理 …………………………… (95)
第三节　俄罗斯竞技体育教练员管理 ………………………… (98)
第四节　日本竞技体育教练员管理…………………………… (100)
第五节　小　结……………………………………………… (102)

第五章　我国竞技体育教练员管理现状与案例分析 ………………………………………………… (104)

第一节　我国竞技体育教练员管理现状分析……………… (104)
第二节　我国竞技体育教练员管理中的典型个案分析…… (130)
第三节　我国竞技体育教练员管理现状与问题总结…… (142)

第六章　我国竞技体育教练员管理的影响因素分析 ………………………………………………… (146)

第一节　我国竞技体育教练员管理的内部因素分析…… (146)
第二节　我国竞技体育教练员管理的外部因素分析…… (155)

第七章　我国竞技体育教练员管理体系的构建…… (160)

第一节　竞技体育教练员管理理念的构建……………… (162)
第二节　竞技体育教练员管理组织的构建……………… (170)
第三节　竞技体育教练员管理职权的划分……………… (179)
第四节　竞技体育教练员管理制度的构建……………… (182)
第五节　竞技体育教练员管理运行机制的构建………… (192)

结　语 ………………………………………………… (201)

参考文献 ……………………………………………… (204)

导 论

一、研究背景

(一)竞技体育可持续健康发展的需要

国家体育总局前副局长李富荣在为《教练员——中国体育腾飞的关键》作序时说:"一名优秀的教练员可以培养出一批高水平的运动员,一批高水平的教练员可以保证运动项目的持续发展。"①在总结训练局成功的"四大法宝"时,李富荣把教练的作用列在了第一位。相关研究也表明,优势项目之所以能够在竞技舞台上保持优势与自身雄厚的教练基础是有着密切联系的。因此,现代竞技体育的竞争,从一定意义上说是教练员水平的竞争。在"人才成就未来"的大环境下,人力资本已成为现代竞争中最为重要的资本,在国家现代化建设中发挥着越来越重要的作用。教练员作为体育领域最重要的人力资本之一,在体育发展中起着其他任何资源所无法替代的重要作用,一支高水平的教练员队伍是竞

---

① 朱佩兰等:《教练员——中国体育腾飞的关键》,北京体育大学出版社 2002 年版,第 3 页。

技体育系统得以正常运转的核心要素。因此,竞技体育教练员队伍的管理也成为确保我国竞技体育可持续健康发展的核心问题之一。

(二)我国社会转型期变革的需要

当前,我国处于社会转型期,各个层面都急需变革以跟上时代发展的需要,体育管理也不例外,本书即立足于这一特殊的时代背景进行探讨。原有的体育教练员管理体系在计划经济体制下发挥了重要作用,但在未来市场经济的大趋势下,必须要进行变革。"体育强国"战略目标的提出,使我们必须从更高起点上思考中国体育的未来,从而也要从更高、更深层次去思考教练员队伍的管理。

现行管理体制下竞技体育教练员的管理存在诸多问题,尚未形成科学、完善的管理体系,既不利于我国体育教练员资源的科学配置和合理化竞争,亦不利于人才的培养、开发和充分使用。要拥有稳定充足的、能够支撑未来体育发展的优秀教练员人力资源储备,就必须拥有一套能卓有成效运转的教练员资源管理体系。

(三)体育人才队伍建设现代化、国际化的需要

在科技信息时代,拉动经济增长的最重要的战略性资源是人力资源,因此,国内外学者越来越关注对人力资源的管理。人力资本是人力资源发展到知识经济时代的产物,并促成了一种新型的人力资源管理模式——以人力资本为主导的人力资源管理,这种管理是建立在人员和组织价值共同最大化的目标和基础上的。现代人力资源管理的视角已打破了原有部门分割的局限,将人力资源作为一个整体进行统一管理。我国竞技体育教练员的管理也是一种人力资源管理,而且是确保我国体育事业可持续健康发展的核心问题和战略问题。

随着时代的进步、科技的发展以及国际体育水平的快速提升，对教练员综合素质的要求也在不断提升。因此，也应从提升教练员人力资本的角度入手，创新原有的管理体系，把教练员职业资格认证、注册管理、培训等环节与教练员的甄选、开发、激励、流动等有机整合起来，形成一个完整的管理系统，使各个子系统建立密切关联并互相制约、互相促进，打破原有管理模式，走出路径依赖，同时，借鉴其他国家体育教练员管理模式，以全球化视角创造出新的更加有效的管理方式，建立一个新型的竞技体育教练员管理系统。

此外，国际一体化的发展趋势，促使人才管理与培养也要走向国际化。中国男子篮球职业联赛（CBA）涌入了大量外教，而我国篮球教练员至今仍未有在国外职业队执教的经历，本土教练员人力资本提升的困境必然束缚我国体育事业的发展。我国教练员管理标准与国际惯例无法接轨，既影响了体育人才的输出和引进，也影响了教练员队伍的整体素质和水准。我国竞技体育教练员队伍的建设需要一个立足全球的国际化管理平台。

（四）转变我国竞技体育发展方式的需要

2008 年奥运会之后，关于举国体制改革的呼声日益高涨，原有计划经济体制下衍生的举国体制，在社会转型期，势必面临新的发展抉择，但改革不能一蹴而就，需要循序渐进。以体育教练员管理创新的研究为抓手，探索我国竞技体育管理方式转变的有效路径，是让举国体制走得更远、更好的需要。

此外，在文献梳理的过程中笔者发现，现有研究重点集中在教练员现状的调查、教练员的培养以及教练员素质等方面的研究，没有把教练员作为体育系统人力资本的核心部分，对其管理进行深入研究，当前学界系统地对我国体育教练员管理问题进行整体性研究的相关成果也几乎处于空白状态。基于此，本书以《中国竞技体育教练员管理创新研究》作为选题。

二、研究意义

教练员管理的创新变革，既是顺应人才建设国际化、世界化的整体趋势，有效参与国际竞争的需要，也是为了满足转型期我国社会和经济发展新的需求，确保我国竞技体育可持续健康发展、实现体育强国战略目标和提升国际体育软实力的需要。本书将为我国竞技体育教练员的管理提供理论和实践两个层面的借鉴，并借助教练员管理的创新，探索举国体制发展的新思路。

（一）在理论层面，本书有助于竞技体育教练员管理理论的创新与完善

如何将竞技体育教练员管理中的核心环节有机地整合起来，形成互相促进、互相制约的管理体系，使我国教练员管理形成良性、动态的管理机制，需要理论上的探索与支撑。本书基于对当前我国竞技体育教练员管理现状的审视，依据系统论、博弈论、人力资本等理论，形成一套用于指导我国竞技体育教练员管理的创新的理论体系，为我国体育教练员管理体制改革提供理论借鉴。同时，本书将多学科理论和方法交叉引入我国体育教练员管理中，也有助于推进我国体育管理的理论创新和知识体系的完备。

（二）在实践层面，本书有助于提升竞技体育教练员管理的科学化水平

本书在构建理论框架的基础上，将理论研究和实证研究相结合，基于当前我国代表性项目和群体的教练员管理，从实践层面探索体育教练员管理的多元路径，在组织设置、职能划分、运行机制和保障措施等方面进行深层次探索，拟解决体育教练员管理中典型的矛盾和问题，并构建符合我国国情的竞技体育教练员管理的

新型体系，从而完善我国教练员的管理体制、机制，总体提升我国教练员管理的效率和质量，使教练员管理工作走向科学化、规范化和国际化。

（三）为举国体制的完善探索新的路径

当今中国体育正处于从体育大国向体育强国迈进的重要历史时期，机遇与挑战并存。刘鹏局长在2012年全国体育局长会议上指出："我们务必认真思考和推动解决体育强国建设中的重大理论、政策和实践问题，如体育管理体制的创新问题"，"以改革创新的精神推动解决体育发展中的突出矛盾和问题"。创新的关键在于突破"范式"，本书将打破原有的体育教练员管理模式，打破原有体制的故步自封，从多学科的角度全面审视教练员管理体系，进行多元化发展路径的探索，整合出一套创新的管理体系。竞技体育教练员的管理是中国特有的体育管理体制下的管理，是我国体育管理的重要组成部分，因此，对竞技体育教练员管理体系创新的研究，可为我国竞技体育举国体制探索新的发展路径提供思路和借鉴。

三、研究内容

（一）研究对象的界定

本书选取了隶属于省级以上（含省级）体育部门的、具有任职资格的、正式在册的竞技体育教练员作为主要研究对象。

（二）主要研究内容

本书的重点是当前我国竞技体育教练员管理的现状和存在的各类问题。由于我国地域广袤，对各省竞技体育教练员管理现状的调研和深入考察工作量很大，梳理竞技体育教练员管理中错综复杂的各类关系也比较困难。因此，如何寻找矛盾的根源并提出科学的解决方略是本书最大的难点。

四、研究方法与路径

（一）研究方法

由于本书需要在掌握竞技体育教练员研究现状和管理现状的基础上展开，因此需要文献资料检索和调查统计、实地考察，借助质性研究法对所获取的资料、信息进行更加深入的梳理。此外，对于管理的创新，不仅需要借助多学科理论作支撑，也需要专家观点作验证。基于此，本书采取了以下研究方法：

1. 定性与定量相结合

本书借助国家体育总局人事司对全国体育系统人才现状进行调查的时机，为了解我国竞技体育教练员管理现状，设计了调研表格和提纲，请各省、直辖市、自治区体育局依据表格提供了教练员各类数据，并根据提纲获取了书面材料，各地对人员统计的数据截止日期为 2010 年 12 月 31 日。至 2011 年 11 月，共收到 26 个省、市的书面调研材料，借助国家体育总局人事司的相关会议，组织召开了 6 次座谈会，参加座谈的省份达 25 个，从地域上看涵盖了西北、西南、东北、中部及东部沿海省份，较有代表性；邀请了管理人员、专业技术人员等不同岗位人员围绕体育人才队伍建设问题进行了开放式座谈，座谈人员达 109 人。

将调查所得结果进行统计处理，以数理分析更好地阐释和支撑理论分析。运用质性研究法，将教练员管理的访谈、观察内容结合自身体验，借用量化的方法把质性材料梳理出来，将定性和定量研究有效结合，为管理模式的构建提供更扎实的基础。

2. 实地考察法

在我国西南、西北、中部、东部沿海和北部等片区，选取具有代表性的省份、地市、县进行实地考察和座谈，掌握我国体育教练员管理的第一手资料，从管理实践的不同维度探寻我国教练员管理中的问题和经验。

3. 专家访谈法

设计了访谈提纲，对国家体育总局、各省体育局、训练基地等相关负责人和教练员进行了访谈，并在国家体育总局人事司和人力资源开发中心召开的各片区体育工作座谈会上围绕教练员工作进行了开放式座谈。对体育系统管理者和相关专家进行了深入访谈，为我国体育教练员管理模式的创新构建提供实践依据和专家观点支撑。

4. 案例分析法

在理论研究的基础上，借助案例进行实证研究，并依托案例研究提高研究深度。选择体育教练员管理中的典型问题进行案例分析，剖析深层次背景，探索管理规律，既总结案例中可资借鉴的方法和经验，也探寻案例中问题的解决途径。

（二）研究路径

一是对我国各层次体育教练员管理进行深入调查。对全国所有省属体育系统以及东部、中部和西部抽取的地市、县，运用问卷调研和实际走访，调查各层体育教练员管理的现实状况，以深入了解不同地域、不同层次教练员管理中存在的各类实际问题。

二是在调研后辩证对待调研材料。运用扎根理论、质性研究，深入分析管理实践中存在的各类矛盾、问题，同时，提取各地管理中的宝贵经验。

三是结合各类现实问题，对体育系统管理者和相关专家进行访谈，从理论层面和实践层面探索解决方案。

四是结合我国国情、实际诉求和当前国际上体育教练员管理的相关经验，运用系统原理、人力资本理论等多学科理论，构建我国竞技体育教练员管理的新型模式。

五、研究的特色与创新

（一）研究的特色

本书跟以往研究相比，没有从单一视角审视我国体育教练员管理问题，而是从系统管理的角度，把教练员管理的各个环节视为一个整体，在构建管理模式时，更注重管理环节之间横向匹配和纵向疏通的研究。此外，借助人力资本理论、契约理论、制度变迁理论、大部制理论和博弈论等为支撑，梳理国际化、市场化背景下，我国竞技体育教练员管理中的问题、冲突，深入研究教练员管理实践之间有效协同的方法和途径，以使整个大系统的功效得以提升，使教练员管理的各个环节由以往分散、各自为政的状态，变为统一的、相互联系、相互制约、相互促进的关系。从管理理念和管理路径等方面均突破原有的模式。

（二）研究的创新

1. 研究内容的创新

文献检索发现，目前有关体育教练员管理的研究大多围绕管理的某一个环节或某一个问题展开，尚缺乏对我国体育教练员管理的整体性研究，而有关体育教练员管理各模块的协同性研究更是凤毛麟角。此外，本书以新的功能区划理论尝试解决体育教练员管理条块分割、各自为政的局面，以渐进式思路构建动态的教练员管理体系，且把中国传统管理文化融入到体育教练员管理中来。

2. 研究视角的创新

本书以宏观与微观相结合的视角进行研究。以往有关体育教练员管理的研究或从宏观层面着手，或从微观层面剖析，大多割裂了宏观与微观研究的联系。关注细节是微观研究的特点，但过分着眼于教练员管理的某一个环节，往往会忽视整体的和谐和联动效应；而宏观研究重视组织的整体效应，却常常忽视了重要的细节。本书把宏观和微观相融合，既从宏观的视角全局把握教练员管理的各个层面，系统考虑如何整合各个管理模块，实现帕累托最优；又从微观层面对各个环节进行深入分析，并把微观问题放在宏观环境下加以思考和解决，实现二者的有机融合。

3. 研究方法手段的创新

本书综合运用公共政策学、人力资本理论、博弈论、契约论以及系统论等学科理论进行交叉研究，为教练员管理引入新的学科理论和各学科最新成果。再者，本书不仅把不同区域、不同项目、不同性质的教练员管理进行比对分析，还把我国与发达国家的管理经验进行比较，这种国内外、多方位、多维度的研究思路也具有一定的新颖性。

第一章　竞技体育教练员的研究现状与理论基础

第一节　竞技体育教练员的研究现状

本书从CNKI、Google学术检索、纽约图书馆、百链、方正图书、国家社科、国家体育总局等网站以及北京体育大学、清华大学图书馆、国家图书馆等机构，就教练员、教练员管理、创新管理等领域进行了文献检索，从专著、学术期刊论文、博硕士论文等层面对前期相关研究成果进行了梳理、分类，从时间跨度上进行了纵向分析，从研究内容方面进行了横向分析；此外，从现代管理、行政管理、创新管理、人力资源管理、人力资本、系统论、契约论等领域广泛查阅了最新的研究成果，以便为本书提供更为扎实的理论支撑。

一、国内有关体育教练员的各类研究

（一）有关体育教练员的期刊检索

在中国期刊网“学术趋势”检索中，以“教练员”为热点主题，检

索结果发现有关“教练员”的学术关注度呈明显上升趋势。在中国知识资源总库中以“教练员”为主题精确匹配检索并由系统生成体育类别下的检索报告，截至 2012 年 5 月，体育类共 1956 篇，其中博士论文 13 篇，硕士论文 145 篇，期刊文章 1603 篇(见表 1-1)。

表 1-1　　国内有关体育教练员的研究成果一览表

文献类型	1999 年之前	2000～2004 年	2005～2009 年	2010 年至今	篇数总计(篇)
期刊论文	424	268	602	309	1603
博士论文	0	0	8	5	13
硕士论文	0	10	74	61	145
会议论文	0	17	62	5	84
报纸文章	0	23	60	18	101
科技成果	0	4	6	0	10
合计	424	322	812	398	1956

从时间维度上看，在 1999 年底之前的 20 多年里，CNKI 检索报告中体育类有关教练员的文献仅 424 篇，而 2000 年 1 月 1 日至 2012 年 5 月 12 日有 1513 篇，占可检索到文献总量的 78%。其中，2000～2004 年的五年间有 322 篇，2005～2009 年的五年期间有 812 篇，该期间由于受我国体育体制改革和举办北京奥运会的影响，呈现出快速发展的态势。

从研究内容和时间两个维度上看，早期研究多集中在教练员素质、教练员培训、教练员执教行为以及教练员与运动队、运动员关系的研究。近年来，教练员的现状调查成为研究热点和重点，比如在 145 篇硕士学位论文中，有关教练员现状调查的共计 59 篇，占总量的 41%；由于教练员培训对提升教练员人力资本的重要价值，因此有关教练员培训方面的研究始终是教练员研究领域的重点。

（二）有关体育教练员的图书检索

图书类的研究内容主要集中在教练员实训方面，对教练员训练技能、技巧等内容进行了阐释。如方正图书检索，以“教练员”为关键词进行书名检索仅有10本，内容集中在教练员职业技能培训方面，如德国赫斯特·克里特的《足球教练员培训教程：职业级》、亚洲足球联合会编著的《亚洲足球教练员C级培训教程》等。尚未有针对教练员管理、尤其是管理创新视角下的专著。

（三）有关体育教练员的课题立项

国家体育总局政法司、教育部教育规划和国家社科基金等都予以了大力支持，使教练员现状调研、教练员培训、教练员人才资源开发等领域的研究得到了有效开展，如左琼的《中国体育教练员人才队伍现况及对策分析》（2006）、蔡犁的《我国田径高级教练员培训现状研究》（2006）、李宗浩的《中国竞技体育“金牌教练员”人才资源开发研究》（2005）、孙敬的《国家级教练员岗位培训管理模式的探索与实践》（2002）。此外，围绕教练员管理制度、规范也开展了不少有价值的研究，如胡利军的《我国优秀运动员教练员奖励的研究》（2004）、李智的《建立我国教练员职业资格制度的可行性研究》（2006）等。

由检索结果发现，当前国内有关体育教练员研究的重点、热点为教练员队伍的现状调研和教练员培养、培训的研究，该类研究在数量和质量上均当属教练员研究领域里比较丰厚的。此外，还有一些针对教练员职业素质（包括知识、能力、心理、品德等）、胜任特征、绩效管理、资格认证、教练员与运动队和运动员关系、教练员人际关系、教练员诉求等方面的研究。

(一)体育教练员现状调查的研究

当前学界对不同区域、不同层级、不同项目的体育教练员的现状进行了调查研究。在调查区域上，既有东部省份，也有西部省份；在调查的层级上，既有国家队教练员的调查，也有省、市队教练员和基层教练员队伍的调查；在调查的项目上，既有优势项目教练员的调查，也有弱势项目和普及程度高的项目的教练员调查。作为研究对象的教练员群体或界定在高校、体校，或界定在体育系统的不同层级。如孙庆国等的《天津市体育教练员人才资源现状及开发对策研究》①、魏万珍的《四川省竞技体育教练员队伍现状调查与对策研究》②、徐向军等的《北京市基层竞技体育教练员的现状调查与分析》③、林学政的《福建省乒乓球教练员现状的调查与分析》④等对不同区域的教练员队伍现状进行了调查，对各区域的特点、状况进行了深入了解。而国家体育总局体育社会科学研究项目《对我国冰上运动项目教练员队伍现状调查分析》⑤、赵芳和孙民治的《我国高级篮球教练员现状调查与对策研究》⑥、李立群

① 孙庆国、孙娟、李少丹:《天津市体育教练员人才资源现状及开发对策研究》,《沈阳体育学院学报》2008 年第 3 期。

② 魏万珍:《四川省竞技体育教练员队伍现状调查与对策研究》,《成都体育学院学报》2006 年第 3 期。

③ 徐向军、郭培、张延军:《北京市基层竞技体育教练员的现状调查与分析》,《首都体育学院学报》2005 年第 3 期。

④ 林学政:《福建省乒乓球教练员现状的调查与分析》,《体育科学研究》2009 年第 1 期。

⑤ 参见秦风冰:《对我国冰上运动项目教练员队伍现状调查分析》,国家体育总局官网,2009 年 5 月 5 日。

⑥ 赵芳、孙民治:《我国高级篮球教练员现状调查与对策研究》,《武汉体育学院学报》2002 年第 2 期。

的《我国田径教练员基本现状分析与对策研究》[①]等针对不同项目的教练员现状进行了调查与分析，从项目特点了解教练员的基本现状，并分析教练员资源与项目发展之间的关系。陈东等在《江苏省普通高校高水平排球队教练员队伍现状调查研究》[②]中指出，江苏省高校的排球教练员以中青年为主，年龄结构适宜，但对运动队科技投入太少。王占坤在《福建省女篮教练员队伍的现状调查》[③]中侧重于对教练员科研方面的调研，研究发现福建省各级运动队的教练员具备一定的科研能力，但训练的科学性不高，尤其是训练计划的制定不够科学系统，外出进修、交流、培训的机会较少。赵芳、孙民治在《我国高级篮球教练员现状调查及对策研究》[④]中指出，我国现阶段篮球教练员队伍日益年轻化，但存在知识结构单一、科研意识淡薄、科研水平低等问题。上述研究从教练员的年龄、学历、职称、执教年限以及科研、培训状况等方面对教练员的现状进行了多维度调查，并梳理出现存的问题，比如教练员年龄趋向年轻化，学历层次在不断提高，学历教育与实际能力未成正比等等，并提出了相应的建议和对策。

调查类研究中虽然以教练员队伍建设现状为主，但也有一些专门针对教练员群体某一问题的调查，比如素质和智能结构的调查、培训情况的调查、实施开展某项工作的状况的调查、教练员队伍管理的调查等，如李献君的《湖南省体操教练员队伍管理现状与

---

① 李立群：《我国田径教练员基本现状分析与对策研究》，《科技信息》2011 年第 24 期。

② 陈东、王立小、王亮：《江苏省普通高校高水平排球队教练员队伍现状调查研究》，《体育世界（学术版）》2007 年第 9 期。

③ 王占坤：《福建省女篮教练员队伍的现状调查》，《体育成人教育学刊》2005 年第 3 期。

④ 赵芳、孙民治：《我国高级篮球教练员现状调查与对策研究》，《武汉体育学院学报》2002 年第 2 期。

对策研究》①、张响芹的《对河北省市级体校教练员知识结构的调查研究》②、崔海峰的《黑龙江省冰球专业队教练员素质现状研究》③、吴飞的《对中国国家乒乓球队教练员运动智能的调查研究》④等。

此外，国家体育总局于2005年、2011年先后开展了两次全国体育人才现状的调查研究，笔者参与了第二次全国体育人才调研。国家体育总局政法司在项目立项上也大力支持了有关教练员调查研究的开展，如《对我国冰上运动项目教练员队伍现状调查分析》《西南地区竞技体育教练员队伍研究》等。

小结：上述研究对体育教练员进行了多层级、多维度的调查，梳理出了现存的问题并提出了相应的对策，对于全面、深入地把握我国体育教练员人才资源的现状做了扎实的基础性工作，为后续研究提供了极有价值的参考数据。

（二）体育教练员职业素质方面的研究

该类研究大多从微观的视角对教练员各类素质进行了深入的探讨，既有整个教练员群体所需具备的共性素质的研究，也有针对某个项目教练员特有素质的研究；既有综合素质的研究，也有对某一特定素质所开展的深入研究，如教练员的知识储备、创新能力、协作能力、临场指挥能力以及心理素质等方面均涌现了不少成果。

---

① 李献君：《湖南省体操教练员队伍管理现状与对策研究》，湖南师范大学硕士学位论文，2008年。

② 张响芹：《对河北省市级体校教练员知识结构的调查研究》，河北师范大学硕士学位论文，2008年。

③ 崔海峰：《黑龙江省冰球专业队教练员素质现状研究》，北京体育大学硕士学位论文，2010年。

④ 吴飞：《对中国国家乒乓球队教练员运动智能的调查研究》，北京体育大学硕士学位论文，2003年。

我国著名体育学者过家兴教授在其著作《运动训练学》[①]中，根据我国教练员群体的状况及现代竞技体育发展的需要，对教练员的素质从六个方面进行了界定：丰富的专业知识和实践经验、熟练掌握教育学和方法学技能、勇于探索和大胆创新、强烈的职业责任感、高尚的道德情操、高度的政治觉悟。陈正在《浅谈运动训练过程的组织、控制与管理者——教练员》[②]中从运动训练的组织、控制与管理的角度提出教练员所需具备的知识、能力和心理特征，并详细界定了这三项特征应包含哪些方面的内容。仇军等人对教练员文化素质的作用及结构进行了研究，提出教练员的知识结构应是“图钉型”的层次结构，即按照知识面、知识干、知识核组合而成的。许登云、乔玉成在《我国10位成功教练员素质特征分析》[③]一文中认为，成功的教练员除了应当具备一般教练员在开展运动训练活动所必须具备的思想、品德、知识、能力、身体和心理等素质外，还应具有志气、才气、勇气、霸气、人气等特殊素质，这些特殊素质是他们走向成功的关键。吴飞在其硕士论文《对中国国家乒乓球队教练员运动智能的调查研究》[④]中探讨了国家队乒乓球教练员运动智能的构成，运动智能内部各要素的重要程度及相互关系，他认为乒乓球教练员的运动智能是由道德品质、知识和能力所组成的，它是一个多序列、多层次、多要素的动态综合体，其中，道德品质是主导，知识结构是基础，能力结构是主体，三者相辅相成，三者的权重系数分别为0.32、0.32和0.35，分布相对均衡，说明随

---

① 过家兴：《运动训练学》，北京体育学院出版社1986年版，第420页。

② 陈正：《浅谈运动训练过程的组织、控制与管理者——教练员》，《体育科技》1987年第3期。

③ 许登云、乔玉成：《我国10位成功教练员素质特征分析》，《成都体育学院学报》2010年第12期。

④ 吴飞：《对中国国家乒乓球队教练员运动智能的调查研究》，北京体育大学硕士学位论文，2003年。

着时代的发展，即使是专业人才的培养也在向着较为全面的方向发展。

教练员的创新能力、综合素质等是制约我国竞技体育运动训练水平快速提高的“瓶颈”。陈小蓉在《创新——高水平教练员必备的能力》[①]一文中对高水平教练员的创新能力提出了较为具体的要求，认为高水平教练员应具备包括创新设计能力、观察力、获得情报信息与分析能力、预见力和记忆力等六个方面的能力。陈浩庆、吕万刚等在《体操教练员的创新意识》[②]一文中对创新意识的定义、结构进行了分析，探讨了体操教练员创新意识的培养途径和形成过程。

王润平、阿卜杜在《中国—加拿大国家级体操教练员社会心理构成的比较研究》[③]一文中对中国和加拿大国家级体操教练员社会心理构成异同进行了跨文化研究，着重对教练员所关心的问题、教练员角色的心理特点和教练员的社会心理关系三个方面进行了分析，发现了许多很有意义的共同点和不同点。宗棣华在《谈影响足球教练员决策能力的心理因素》[④]一文中提出影响足球教练员决策能力的因素，包括广博的知识、较高的智能与智慧、精深的专业技能与丰富的经验、坚强的意志、稳定的情绪和较强的应变能力。其中，重点强调了心理方面的影响因素。

小结：综上所述，我国学者从不同层面、不同角度对教练员所需具备的素质进行了广泛而深入的研究，尤其是对教练员的知识结构以及能力体系方面的研究，更为深入而细致。但教练员素质结构是一个动态发展的体系，随着时代的发展、科技的进步，其结

---

① 陈小蓉：《创新——高水平教练员必备的能力》，《中国体育科技》1995 年第 1 期。

② 陈浩庆、吕万刚：《体操教练员的创新意识》，《武汉体育学院学报》2000 年第 3 期。

③ 王润平、阿卜杜：《中国—加拿大国家级体操教练员社会心理构成的比较研究》，《体育科学》1994 年第 6 期。

④ 宗棣华：《谈影响足球教练员决策能力的心理因素》，《足球世界》1995 年第 22 期。

构也在不断发展变化，仍需作深入的综合性研究。这既是为了建立一套科学有效的教练员培养体系，也是为了帮助教练员更好地提高自身素质以提高科学训练的水平。

（三）体育教练员与运动员关系的研究

教练员与运动员之间的人际关系不仅影响到运动竞技水平的发挥，而且关系到教练员和运动员的心理状态乃至运动生涯。该类研究探索了教练员与运动员二者的关系，教练员对运动员所产生的影响以及如何更好地运用这种影响达成良性效应。胡红在《论教练员与运动员的“心理距离”》[①]一文中认为，作为竞技训练系统最重要的两大人力资源，教练员和运动员扮演着不同的角色，这种角色差别就难以避免地会产生某种“心理距离”，并在二者之间形成一种复杂微妙的人际关系。这种关系不可过远，也不可过近。教练员与运动员之间的“心理距离”若过远，容易沟通不畅，产生误会甚至对立，使训练工作难以开展；反之，教练员又可能丧失权威、尊严和影响力。该文还对影响“心理距离”的外部和内部因素进行了分析，认为“心理距离”不仅受制于人际心理距离论，还取决于教练员和运动员的主体素质，从形成机制上来看，“心理距离”植根于教练员和运动员的社会实践活动。王进、高乃春、赵臣的《我国“教练员—运动员关系”研究走势：一个理论的探寻》[②]认为，应把国外的“情景领导理论”“多样化理论”“动机理论模型”“3C 理论”“逆理论”等新发展的理论在批判的基础上用以指导我国的相关研究，指出我国未来的相关研究应该是关注提高研究质量，着重考虑人际关系动态和系统分析研究。

---

① 胡红：《论教练员与运动员的“心理距离”》，《体育科学》1997 年第 4 期。

② 王进、高乃春、赵臣：《我国“教练员—运动员关系”研究走势：一个理论的探寻》，《体育科学》2008 年第 4 期。

小结:该类研究主要从心理学的角度对教练员与运动员之间的关系进行了探讨,并对如何营造二者良好关系提出了若干方法和对策。

(四)体育教练员管理行为的研究

该类研究以教练员为管理主体,对教练员的管理行为进行研究,尤其是从训练管理的角度,对教练员在运动队中担任的管理角色进行了分析,研究其对运动队、运动员管理的技巧和艺术以及如何提升教练员的这一管理能力。如翟强根据《孙子兵法》分别对篮球和排球教练员管理指挥艺术进行了研究,常冬冬也借助《孙子兵法》对篮球教练员管理与指挥的谋略进行了探讨。张林在《我国高水平运动队教练员管理行为的研究》[①]、《不同运动队群体对教练员管理行为期望值的研究》[②]中探讨了运动员心目中理想教练员的管理行为特征,以及不同性别、年龄、文化程度、技术水平、运动项目运动员群体对理想教练员管理行为要求的差异,通过现实教练员与理想教练员管理行为比较,揭示出我国高水平运动队教练员在管理工作中表现出较强的工作性行为,而关系性行为功能则相对较弱。韩开成的《论运动队中教练员影响力管理策略》[③]认为,影响教练员管理效果的关键因素之一在于教练员的管理影响力的大小和是否得到正确使用。他把教练员管理影响力分为权力性影响力和非权力性影响力两大类,认为非权力性影响力的作用更深刻和长远,并提出了如何使用这两种影响力。

小结:该类研究主要从行为学的角度对教练员日常工作中的

---

① 张林:《我国高水平运动队教练员管理行为的研究》,《体育科学》1990年第4期。

② 张林、范元康:《不同运动队群体对教练员管理行为期望值的研究》,《中国体育科技》1995年第1期。

③ 韩开成:《论运动队中教练员影响力管理策略》,《科技信息(学术研究)》2007年第16期。

管理行为进行了研究，是把教练员作为管理主体而不是管理客体的研究。

（五）体育教练员人力资本的研究

从人力资源的角度对教练员开展研究正方兴未艾，但从人力资本的角度所开展的研究却刚刚起步。以教练员包含人力资本为关键词检索共 23 篇，其中，大多是运动员人力资本的研究，真正针对教练员人力资本的研究仅有 5 篇，分别为杨晓晨等的《教练员人力资本若干理论问题探讨》、柳建庆等的《微观视角下中国篮球教练员人力资本分析》、许博的《转型期人力资本理论对我国基层教练员人力资源开发的综合创新》[①]、陈彦等的《基层体校教练员人力资本开发研究——以河北省为例》和汪敏等人的《由人力资本两栖性探究辽宁省竞技体育后备人才精品工程》[②]。

杨晓晨等人在《教练员人力资本若干理论问题探讨》[③]一文中，界定了体育教练员人力资本的概念、构成和特点，借鉴经济学的观点，把教练员人力资本分为效率性人力资本、动力性人力资本和交易性人力资本，为后续有关教练员人力资本的研究奠定了理论基础。随后，陈彦、杨晓晨在《基层体校教练员人力资本开发研究——以河北省为例》[④]一文中，从人力资本的形成与投资、人力资本的行为空间、人力资本的激励等方面研究了我国基层体育教

① 许博：《转型期人力资本理论对我国基层教练员人力资源开发的综合创新》，《北京体育大学学报》2011 年第 10 期。

② 汪敏等：《由人力资本两栖性探究辽宁省竞技体育后备人才精品工程》，《吉林体育学院学报》2010 年第 2 期。

③ 杨晓晨等：《教练员人力资本若干理论问题探讨》，《山东体育学院学报》2006 年第 1 期。

④ 陈彦、杨晓晨：《基层体校教练员人力资本开发研究——以河北省为例》，《北京体育大学学报》2007 年第 1 期

练员人力资本开发的现状和对策，基于杨晓晨对人力资本构成的分析，提出从培训、流动和激励等方面建立基层体育教练员人力资本的开发机制。柳建庆等人在《微观视角下中国篮球教练员人力资本分析》[①]一文中从知识、能力和健康三个维度对中国篮球教练员的人力资本进行了分析，知识结构方面分析了CBA篮球教练员的学历及获得过程，能力方面分析了其运动员经历、职务、职称、执教经历、执教年限和教练组结构。该文从微观角度剖析了执教年限、基层执教经历、职称结构、教练组结构和教练员流动等因素对篮球教练员成长的重要影响。

刘冰、马宇和许启发在《教练员的价值：基于中国足球职业联赛的实证分析》[②]一文中从实证的角度研究了中国足球职业俱乐部教练员的价值，文章主要围绕影响教练员更换的原因展开分析，对教练员个人特征与球队成绩的因果关系和关联程度等问题展开讨论。该研究认为影响中国足球俱乐部更换教练员的主要因素为球队管理风格和上期赛事的胜出率。而从路径分析的角度发现，本期赛事的胜出率不仅受教练员更替影响，还受引进球员和前赛季成绩的显著影响。其中，“教练员更替”因素对球队当期成绩有负向影响，支持了“管理者更替恶性循环理论”，并提出最优更替类型的选择顺序，从优到劣依次为赛季间内部更替、无更替、赛季间外部更替、赛季内内部更替、赛季内外部更替。同时，得出结论认为教练员的能力因素对球队成绩影响较大，而“年龄”因素的影响作用并不明显。

小结：上述研究开创了我国体育教练员人力资本研究的先河，

---

① 柳建庆等：《微观视角下中国篮球教练员人力资本分析》，《武汉体育学院学报》2008年第3期。

② 刘冰、马宇、许启发：《教练员的价值：基于中国足球职业联赛的实证分析》，《体育科学》2009年第7期。

探讨了教练员人力资本开发的策略和方法，但局限于经济学的视角，未能从系统管理的角度全面审视我国体育教练员的管理，也未能充分引入人力资源和人力资本管理的前沿理论。未来人力资源和人力资本的研究将呈现出宏观与微观研究相结合、单个和复合人力资源管理研究的融合，以实现管理实践的有效协同，并在个体、工作和组织方面开展多层次的研究。因此，对于我国体育教练员管理的研究，也应更加注重整体性和协同性，以形成一套完整的管理体系，用以提高我国体育教练员人力资本的增量和存量。

（六）体育教练员管理的研究

当前有关教练员管理的研究大多以微观研究为主，从人力资源管理的视角，围绕教练员的选拔与引进、考核、培训、激励、监督、评价等一个或多个环节对教练员管理进行探索。其中，受国家相关政策的影响，教练员培养、培训方面的研究成果较为突出。

1. 体育教练员选拔方面的研究

教练员的选拔工作直接关涉竞技体育训练的成绩。要有效提高竞技运动水平，就离不开对教练员合理、准确、科学的选拔。为了使人才选拔更加科学化，我国学者开展了对教练员选拔方面的研究。陈燕等人从制度层面对教练员选拔进行了研究，而刘珂青等人从评价指标体系的建立对教练员选拔进行了探索，汪浩从教练员所需具备的素质层面对教练员的选拔问题进行了审视，方玲等人从教练员素质、教练员选拔的流程和制度等多个层面探讨了优秀教练员的选拔方法。

陈燕、许玉新的《从案例分析看我国金牌教练员的选拔制度》[①]以雅典奥运会中的金牌教练员李永波、孙海平为案例，蔡瑶

---

① 陈燕、许玉新：《从案例分析看我国金牌教练员的选拔制度》，《湖北体育科技》2007 年第 1 期。

煜、孙志伟的《从制度层面分析我国奥运金牌教练员的选拔——以3位奥运金牌教练为案例分析》[①]以2004年奥运会金牌教练员李永波、孙海平、陈忠和为研究对象，分别研究了我国金牌教练员的选拔体制。上述研究得出了类似结论，认为未来的教练员不能再依靠自身曾经的运动成绩和运动经验来指导运动员的训练工作，而是要更多地依靠知识体系的更新和完善以及执教能力的不断提升，这样才能确保教练员将更科学的方法融入到训练中去，培养更多的金牌运动员。上述研究还认为，当前国内外均在教练员选拔上予以更多关注，都在力图探索并形成更科学的选拔模式，以更好地选拔高素质、高能力的优秀教练员。

刘珂青、蔡磊在《对选聘教练员工作科学评估体系的研究》[②]一文中，运用模糊数学中的综合评判方法对教练员的工作进行了评价，以13项指标体系对教练员评估进行研究和分析，并建立评估等级和评估矩阵两级评估标准，同时，还把选拔工作分为三级，以评价指标为第一级，之后进入二次考核，最后进入试聘期。该研究对推动教练员选拔制度的改革向科学化、制度化、正规化的方向发展具有较大意义。谢毅、邬建强在《优秀教练员的选拔指标体系研究》[③]中以江苏省体育运动学校的部分教练员为研究对象，对教练员和相关专家进行了调查，并尝试构建了教练员选拔的指标体系。该研究认为，教练员选拔的指标应尽可能量化，通过专家调查确定权重系数，从而确定各个影响因素的重要程度，并通过专家对教练员选拔因素的评价确定各级指标的分值。在选拔时，把教练

---

① 蔡瑶煜、孙志伟：《从制度层面分析我国奥运金牌教练员的选拔——以3位奥运金牌教练为案例分析》，《体育科技文献通报》2007年第12期。

② 刘珂青、蔡磊：《对选聘教练员工作科学评估体系的研究》，《山东体育科技》2005年第1期。

③ 谢毅、邬建强：《优秀教练员的选拔指标体系研究》，《体育科技文献通报》2007年第12期。

员各项能力因素指标的得分情况乘以相对应的权重系数，按照分数高低来遴选最佳教练员人选。该研究把教练员选拔工作尽可能地量化，从而提高了选拔标准的客观性。但同时也有可能弱化甚至忽略其他无法量化但也影响重大的选拔指标。

2. 体育教练员培养方面的研究

国内关于教练员培养方面的研究既有宏观的战略性研究，也有微观的策略性研究，如国家体育总局肖天副局长主持的课题《我国竞技高层次教练人才培养战略的研究》及相关论文《中国高层次教练员培养与成长的战略格局》①，通过对我国优势项目、一般项目、滞后项目教练员数量和结构的调查，提出教练员的数量直接关系竞技体育训练的质量，也即人力资源的储备是确保训练质量的基础，是运动成绩提高的基本保障。该研究认为，一般项目和滞后项目需要在教练员数量上进行扩充，才能实现运动成绩的快速提高，因此，应加快、加强省市各级教练员队伍的建设。这为我国体育教练员培养的未来发展指明了方向。

但当前国内有关教练员培养方面的研究大多为微观层面的研究，从教练员培养的现状、培养中面临的问题以及解决的对策等角度进行了深入的探讨，建立了一些有关教练员培养的新理论，并提出了许多新方法，为竞技体育教练员培养工作的开展献计献策，尤其提供了理论借鉴和支撑。杨再淮、俞继英在《我国业余体育教练员培养现状与对策》②一文中对我国业余体育教练员的培养现状进行了调查和分析，认为业余体育教练员与在训青少年运动员在数量配比上基本适宜，并从运动训练学和社会学的视角展开了分

① 肖天等:《中国高层次教练员培养与成长的战略格局》,《武汉体育学院学报》2006 年第 3 期。

② 杨再淮、俞继英:《我国业余体育教练员培养现状与对策》,《中国体育科技》2003 年第 7 期。

析，认为在我国竞技体育优势项目上没有形成教练员人才资源优势，教练员相对分散，且业余体育教练员的整体水平更是有待提高。俞继英等在课题《我国体操金牌教练成才规律研究》[①]中提出，体操金牌教练具有把握世界体操运动发展前沿的远见卓识，具有全面、突出的业务能力，包括慧眼独具的选材能力、务实细致的组织实施训练能力、合理有效的大赛指挥能力、严格大胆的管理能力等。而要达到上述要求，通常需要相应水平的专项训练，好学求知注重实效的知识积累，得到名师的指导，主持高水平运动训练实践，经受世界大赛的洗礼。该课题总结了体操金牌教练成才的途径，为体育金牌教练的培养提供了参照。蔡犁等在课题《高级教练员培养的研究》[②]中，以田径项目为例，对我国高级教练员培养体制的构成和特点、所采用的培养形式、保障体系构建等进行了分析，认为我国高级教练员培养工作经过 20 多年的有序发展，已形成了学历教育、岗位培训和信息服务等多种形式的教练员培训体系，其中以学历教育为基础，岗位培训为重点，各类短期培训和信息服务为补充。但还需健全和完善新形势下我国高级教练员岗位培训的管理制度，各行政主管部门应全方位地给予包括师资、经费等方面的帮助，以扩大高级教练员的培养规模，提高培养质量。紧密贴合高级教练员的实际工作需求来制定培训内容，同时积极探索建立“讲、练、做”一体化的教学方式，使整个培训过程都要为教练员实际工作需要服务，在指导训练、管理队伍、指挥比赛等实践方面发挥作用；考核方式应该多样化，尤其应加强教练员需求程度较高的以“能力”为主的开放型考核方式的运用力度，做到“考识、考能”统一。张向阳的《我国基层足球教练员培养的必要性与面临

① 俞继英、魏旭波：《我国体操金牌教练成长规律研究》，国家体育总局官网，2006 年 11 月 14 日。

② 蔡犁等：《高级教练员培养的研究》，国家体育总局官网，2007 年 2 月 7 日。

的主要问题》[1]一文认为，基层足球教练员自身存在的主要问题为退役球员执教制、业务能力欠缺、监督考核制度的不完善、没有明确足球理念四个方面，并为中国基层足球教练员培养方案的制订提供了一些的新思路。谢银辉在其硕士学位论文《我国中、高级篮球教练员培养模式研究》[2]中，从对我国中、高级篮球教练员的年龄结构、性别比例、学历状况、运动生涯、外语水平等现状分析入手，研究了我国中、高级篮球教练员岗位培训工作的现状，如多媒体技术的应用、科研状况等。该研究发现现阶段我国中、高级篮球教练员学历的含金量不高、科研能力较差等问题，教练员的培养工作中课程设置不合理，授课针对性不强，岗位培训效果差，对教练员提供的信息服务不畅，认为应该通过引入竞争机制，建立篮球教练员学院，增加培训频率和基数，对教练员进行专业化分工、实行分类培养，拓展篮球教练员信息服务途径等措施加强我国中、高级篮球教练员的培养。还提出要加强与篮球运动发达国家在教练员人才方面的交流和学习。

3. 体育教练员培训方面的研究

1992 年 5 月 25 日，为使教练员培训工作规范化、制度化，更切实有效，原国家体委办公厅发布了《关于印发〈国家体委“八五”期间教练员岗位培训工作计划〉的通知》([1992]体科字 173 号)，制定了《举办教练员岗位培训班条件及审批程序》《教练员岗位培训班学籍管理暂行规定》《教练员岗位培训班评估办法》和《教练员岗位培训合格证颁发程序管理办法》等四项规定。同时，还颁布了《国家体委关于试行教练员岗位培训制度有关问题的通知》《关于

① 张向阳:《我国基层足球教练员培养的必要性与面临的主要问题》,《运动》2010 年第 9 期。

② 谢银辉:《我国中、高级篮球教练员培养模式研究》,福建师范大学硕士学位论文,2011 年。

印发国家体委对教练员岗位培训经费意见的通知》《关于下发国家体委举办教练员岗位培训班有关规定的通知》以及《教练员四年参加一次培训的办法(试行)》等多项政策法规。特别是1994年由国家人事部和国家体委联合下发的《体育教练员职务等级标准》和《关于〈《体育教练员职务等级标准》若干问题的说明〉的通知》中，明确提出了凡已开展岗位培训项目的教练员申报教练员职务时，必须取得相应等级的《教练员岗位培训合格证书》。这使其他的政策法规得以更好地落实，从根本上保证了岗位培训工作的开展。随之，相关的科研工作也围绕教练员培训蓬勃开展起来。

我国已形成一个以学历教育为基础，以教练员岗位培训为重点，包括各种高级研讨班和培训班等多种形式的教练员发展体系。培训成为教练员人才培养的重要途径，也成为科研领域的研究热点。我国教练员培训研究从内容上来看，可分为教练员岗位培训的现状研究、不同项目教练员岗位培训的研究、教练员岗位培训的内容和手段研究、教练员岗位培训的监督和评价研究、国外教练员培训情况及中外比较的研究等。

(1)教练员岗位培训现状与对策研究

20世纪90年代，在原国家体委的政策支持下，教练员培训工作开始步入正轨，朱佩兰、金学斌、赵大林等学者较早开始了对我国教练员岗位培训的现状、课程等问题的研究。金学斌、林华在《我国体育教练员岗位培训工作现状的研究》[①]中发现，在当时各级部门和人员对岗位培训的意义认识不足，只重使用不重培训，各职能部门对岗位培训的性质也不太明确，甚至混淆了岗位培训与以往的一般短训班。还有的地区在岗位培训工作的开展中，没有按照相关制度实施，使岗位培训的有关制度失去意义和约束力。

---

① 金学斌、林华:《我国体育教练员岗位培训工作现状的研究》,《西安体育学院学报》1995年第4期。

总体来看，岗位培训在不同地区、不同项目、不同级别上表现差异较大，发展不均衡，经费投入和教材体系均存在问题。柯教文在《全国教练员岗位培训现状与对策研究》[①]一文中对我国体育教练员岗位培训状况作了较为细致的分析，据此总结出岗位培训的发展趋势并开展了相关的对策研究。蔡犁等人对体育教练员岗位培训作了系列研究，先后发表了《提高教练员岗位培训教学质量的策略》[②]、《对教练员岗位培训教学工作的理论思考》[③]、《教练员岗位培训中的能力本位教育》[④]等文章，围绕提高教练员岗位培训教学质量等有关问题，提出了"五化"等新的理念。王芬、李佑发《国家级教练员岗位培训的现状调研与对策》[⑤]一文中，从参加培训的教练员角度对教练员的知识需求、自身胜任力、培训重点以及岗位培训的过程评价、效果评价进行了调查，从了解教练员对岗位培训工作的实际需求和现状出发，提出完善和发展教练员岗位培训制度的对策与建议。刘雅玲在《与继续教育结合 同国际培训接轨——乒乓球高级教练员培训对策研究》[⑥]一文中，提出创建网络远程教学，抓好继续教育，构建教练员能力评估机制和倡导案例教学等发展对策。高立东在《我国教练员岗位培训现状分析》[⑦]一文中，对

---

① 柯教文:《全国教练员岗位培训现状与对策研究》,《中国体育教练员》2000 年第 1 期。

② 蔡犁等:《提高教练员岗位培训教学质量的策略》,《上海体育学院学报》2002 年第 4 期。

③ 蔡犁:《对教练员岗位培训教学工作的理论思考》,《武汉体育学院学报》2004 年第 1 期。

④ 蔡犁:《教练员岗位培训中的能力本位教育》,《成都体育学院学报》2004 年第 2 期。

⑤ 王芬、李佑发:《国家级教练员岗位培训的现状调研与对策》,《北京体育大学学报》2007 年第 10 期。

⑥ 刘雅玲:《与继续教育结合 同国际培训接轨——乒乓球高级教练员培训对策研究》,《中国体育教练员》2007 年第 2 期。

⑦ 高立东:《我国教练员岗位培训现状分析》,《沈阳体育学院学报》2007 年第 5 期。

教练员岗位培训的现状、必要性以及制约教练员岗位培训工作的因素进行了研究，总结了相关经验并剖析了现存问题。刘洋在《我国不同地区教练员岗位培训现状的比较研究》[①]一文中列举并分析了我国 12 个省市开展教练员培训的各自情况，探讨了培训中的共性和差异。

(2)不同项目教练员的岗位培训情况研究

除对教练员培训进行整体研究外，还有针对不同项目教练员培训的相对深入、细致的研究，足球、乒乓球、排球、田径、羽毛球、速滑、游泳、篮球等项目的教练员岗位培训都有学者进行过专门研究。如李红兵在《中级游泳教练员岗位培训班的调查分析》[②]一文中对游泳项目的教练员培训进行了调研。戴金彪等在《我国羽毛球教练员岗位培训的现状分析》[③]一文中指出，我国羽毛球教练员岗位培训经过十几年的有序发展基本形成了自上而下的管理体系，培训机构比较健全，基本上能够满足我国羽毛球教练员的培训工作需求。但培训尚未规范化、制度化，地区之间的发展极不平衡，培训人数和培养质量方面都有较大差距，培训对象也出现了新情况，经费问题已成为影响培训开展的重要因素之一。因此，戴金彪提出要修订和完善相关规定，培训质量认可与监督须有具体执行办法，“兼职”和俱乐部教练的培训应提到议事日程上来。柴国荣、詹建国在《我国高级田径教练员岗位培训内容选择及对创新能力培养的研究》[④]一文中指出，多数教练员对培训内容表示认可，

---

① 刘洋:《我国不同地区教练员岗位培训现状的比较研究》,《山西师大体育学院学报》2006 年第 S1 期。

② 李红兵:《中级游泳教练员岗位培训班的调查分析》,《游泳季刊》1997 年第 4 期。

③ 戴金彪、卢高峰、陈跃:《我国羽毛球教练员岗位培训的现状分析》,《上海体育学院学报》2005 年第 5 期。

④ 柴国荣、詹建国:《我国高级田径教练员岗位培训内容选择及对创新能力培养的研究》,《西安体育学院学报》2009 年第 5 期。

但还存在一些问题，如教学内容重复、理论知识讲授多、实践内容少等，特别是有关创新知识没有体现在教学内容中，不利于教练员创新能力的培养。戴金彪、蔡国荣等学者的调研结果反映出了当前不同项目教练员培训中较为普遍的问题。

(3)教练员岗位培训内容、手段的研究

除针对项目培训状况开展的研究外，还有针对项目培训内容、方法、手段等方面的研究。如朱玲、栾江在《乒乓球教练员岗位培训教学服务系统的设计与开发》①一文中探讨了教学系统的设计与开发；贺峰、侯会生在《我国职业足球队教练员岗位培训教学内容体系的研究》②一文中把足球教练员岗位培训内容分为六个方面，其中控制训练过程的能力是教练员培训教学内容的核心，而控制比赛过程的能力和教育管理能力是重要内容，交流沟通能力、自我管理和调节能力和科研能力是次要内容。但针对项目特点进行岗位培训教学体系的深入研究相对较少。

(4)教练员岗位培训的监督、评价研究

有关教练员培训监督、评价方面的研究相对较少。左琼在《关于建立教练员岗位培训评估监督机制的思考》③一文中阐述了评估与监督对于岗位培训的意义、评估与监督的功能与地位以及评估与监督人员的选拔、培训与管理。钱王子迪在其硕士论文《中国足协教练员培训的管理评价研究》④中认为，教练员培训管理评价

---

① 朱玲、栾江：《乒乓球教练员岗位培训教学服务系统的设计与开发》，《体育科研》2010 年第 6 期。

② 贺峰、侯会生：《我国职业足球队教练员岗位培训教学内容体系的研究》，《北京体育大学学报》2011 年第 9 期。

③ 左琼：《关于建立教练员岗位培训评估监督机制的思考》，《中国体育教练员》2003 年第 2 期。

④ 钱王子迪：《中国足协教练员培训的管理评价研究》，北京体育大学硕士学位论文，2007 年。

是以教练员培训管理的全过程为对象进行的一种价值判断，通过对中国足协 A 级教练员培训班进行追踪调查，构建了中国足协教练员培训管理评价指标体系，该体系包括 3 个层次 18 项指标，其中有 4 项一级指标，14 项二级指标，26 项评价标准。从指标体系最后的权重分析得出整个管理评价体系中教练员培训管理制度的制定和培训理念的定位所占权重最大、最为重要。

(5)国外教练员培训及中外培训情况比较的研究

我国学者对发达国家教练员培养模式和培训进行了多层面的研究，既有对国外情况的研究，也有中外比较研究；既有整体上的比较，也有具体项目教练员培训的比较。早在 1984 年，史康成在其《国外教练员制度的发展趋势、结构及特点——兼谈我国教练员培训制度的改革与完善》①一文中就结合国外情况对我国教练员培训制度进行了研究。随后，很多学者翻译或引进了国外体育教练员培训情况。如邓小芬翻译了《美国教练员的培训》②，周晓东在《德国教练员培训模式》③、《加拿大教练员培训形式》④等文章中对德国、加拿大体育教练员培训计划、培训内容、培训学时、考核形式以及培训机构等作了详细的介绍。《加拿大、美国教练员培训体制及其特点》⑤一文则结合 2006 年中国教练员培训委员会代表团出访加拿大、美国的体验，深入地分析了两个国家教练员培训工作的概况及其特点，并结合我国情况，为加强教练员培训工作提出了一些宝贵的建议。洪涛等在《对澳大利亚教练奖学金培训计划和

---

① 史康成：《国外教练员制度的发展趋势、结构及特点——兼谈我国教练员培训制度的改革与完善》，《北京体育学院学报》1984 年第 3 期。

② 邓小芬：《美国教练员的培训》，《中国体育教练员》1993 年第 2 期。

③ 周晓东：《德国教练员培训模式》，《中国体育教练员》1994 年第 4 期。

④ 周晓东：《加拿大教练员培训形式》，《中国体育教练员》1995 年第 1 期。

⑤ 中国教练员培训委员会代表团：《加拿大、美国教练员培训体制及其特点》，《体育科技文献通报》2007 年第 3 期。

双导师培养模式的研究》[①]一文中对澳大利亚教练员培训的双导师模式作了研究,认为该模式采用院校理论学习和运动队教练实践相结合以及专业技术导师指导和专业发展导师指导相结合的培训方式,使理论教学和实践教学能够达到比较完美的结合。

除介绍国外教练员培训经验外,一些学者还对中外体育教练员培训作了比较研究,如王建宇、陈宁等学者较早地开展了教练员培训的国际比较研究。王建宇的《中外教练员培训模式的对比分析——兼探我国教练员培训的途径与方法》[②]通过对中外教练员培训模式的比较,分析了我国教练员培训的方法和途径。陈宁、薛立的《中日两国教练员岗位培训的比较研究》[③]和《中、日、英、德、澳五国教练员岗位培训模式比较研究》[④]、邵伟德的《中外教练员岗位培训若干问题的比较》[⑤]等对中国、日本、加拿大、德国、美国、澳大利亚和英国 7 国教练员的培训体制进行了比较;陆国田、段意梅在《日、英等五国教练员培训模式比较分析》[⑥]一文中对德国、加拿大、澳大利亚、日本、英国五个国家的教练员培训制度、资格考试及认证等进行了分析;刘洋等在《中德教练员岗位培训体制比较》[⑦]一文中,对中德两国教练员岗位培训体制进行了比较分析;

① 洪涛等:《对澳大利亚教练奖学金培训计划和双导师培养模式的研究》,《山东体育学院学报》2008 年第 11 期。

② 王建宇:《中外教练员培训模式的对比分析——兼探我国教练员培训的途径与方法》,《广州体育学院学报》1990 年第 2 期。

③ 陈宁、薛立:《中日两国教练员岗位培训的比较研究》,《中国体育科技》1995 年第 11 期。

④ 陈宁:《中、日、英、德、澳五国教练员岗位培训模式比较研究》,《成都体育学院学报》1996 年第 1 期。

⑤ 邵伟德:《中外教练员岗位培训若干问题的比较》,《中国体育科技》2001 年第 5 期。

⑥ 陆国田、段意梅:《日、英等五国教练员培训模式比较分析》,《考试周刊》2009 年第 2 期。

⑦ 刘洋、王家宏、张宏杰:《中德教练员岗位培训体制比较》,《体育学刊》2009 年第 3 期。

成佩、林永峰在《中美体育教练员岗位培训现状的比较分析》[①]一文中参考了《美国体育教练员标准》及其教练员岗位培训体制，对中美体育教练员岗位培训进行了比较。还有的学者对具体项目的教练员培训作了细致的国内外比较研究，如刘鹏鹤在其硕士学位论文《中美两国赛艇教练员培养模式比较研究》[②]中，对中美两国赛艇教练员的来源、培训机构、等级、形式、内容、师资、考核等方面进行了比较。上述有关教练员培训的中外比较，深入分析了中外体育教练员培训在组织机构、培训内容、课时数量、授课形式、考核、培训的等级划分、培训资格证的有效期以及继续培训工作的管理等方面的差异，并且有针对性地提出了建议和对策，为我国教练员培训体系的建设和完善提供了宝贵的参考。

4. 体育教练员绩效考评方面的研究

为了科学地制定符合我国教练员实际情况的绩效考核标准，国内一些学者设法把定性考核转化为定量考核。如邓小芬、过家兴在《对我国教练员业务水平考核问题的初步研究》[③]一文中采用R型因子分析，针对不同层次教练员，对其业务水平进行了具体的定量化研究。胡红在《对我国教练员功能测评表设计之研究》[④]一文中对教练员的政治素质、品德素质、智力素质、能力素质、知识水平、工作实践等采用人事管理的方法进行定量化测评。著名学者田麦久教授在其著作《运动训练科学化探索》[⑤]一书中，将教练员

---

① 成佩、林永峰:《中美体育教练员岗位培训现状的比较分析》,《安徽体育科技》2011 年第 6 期。

② 刘鹏鹤:《中美两国赛艇教练员培养模式比较研究》,首都体育学院硕士学位论文,2009 年。

③ 邓小芬、过家兴:《对我国教练员业务水平考核问题的初步研究》,《体育科学》1990 年第 6 期。

④ 胡红:《对我国教练员功能测评表设计之研究》,《湖北体育科技》1992 年第 2 期。

⑤ 田麦久、武福全:《运动训练科学化探索》,人民体育出版社 1988 年版,第 102 页。

分成国家队、市及业余体校三个不同层次，采用 R 型因子分析，从教练员个人经历、知识水平、工作能力、工作业绩四个方面制定了考核指标体系。上述研究成果初步为培训教练员、优化教练员素质结构提供了科学的评定指标。

近年来，我国体育教练员绩效考评的研究，既有综合类评价方面的研究，也有围绕教练员职业素质评价、职业胜任状况而开展的细化研究。如李波等的《优秀运动队教练员工作综合考评系统的研究》[①]以上海市田径、游泳等项目的高级教练员及相关训练学专家、科研人员、管理人员为研究对象，确定了教练员工作综合评价指标体系，并制定了评价标准、评价量表及评价方法，建立了教练员工作综合考评系统。李小平的《教练员考核制度的相关问题探讨》[②]认为考核工作是为了确保教练员训练的节奏和合理性的，是为了检查其是否根据训练计划工作、是否在规定的时间内实现训练计划的节点目标。由于考核指标可以指导并规范教练员平时的训练工作，因此考核指标设置的合理性直接关联着考核工作的科学化程度。该研究通过对教练员考核制度的考察，深入分析了当前教练员考核工作存在的问题，并在此基础上设计了教练员考核指标体系，使得对教练员的训练工作评价更为客观、公正和准确。李林在《我国专业体育教练员工作绩效结构模型研究》[③]一文中以“任务绩效和关系绩效”二因素结构模型为理论基础，把我国专业教练员工作绩效结构模型构建为二阶 5 因子模型（二阶 1 因子一阶 4 因子）；其中，二阶因子为工作绩效，一阶 4 因子分别为任务绩效、关系绩效、发展绩效和反生产绩效。根据 5 因素理论模型和管

---

① 李波等：《优秀运动队教练员工作综合考评系统的研究》，《体育科学》2005 年第 4 期。

② 李小平：《教练员考核制度的相关问题探讨》，《体育科技文献通报》2008 年第 4 期。

③ 李林：《我国专业体育教练员工作绩效结构模型研究》，《体育科学》2011 年第 4 期。

理人员、教练员访谈发展出的26个条目的《我国专业体育教练员工作绩效调查量表》为我国体育管理工作者对教练员绩效的管理和评价提供了可量化的方法。

此外，还有一部分学者从职业素质评价、职业胜任的角度，以量化的形式对教练员考评进行了研究。如周成林等的《我国部分优势竞技运动项目教练员领导行为特征与评价研究》[①]从职业素质评价的角度，以领导理论和教练员多维系统理论为依据，探讨了我国优势竞技项目教练员领导行为特征与执教效果等问题。该研究认为运动员特征因素对教练员执教的风格有较大的影响，男运动员认知的肯定程度优于女运动员，运动员期望教练员领导行为方式与实际认知之间存在较大差距，教练员领导行为与运动员获取优秀运动成绩有着密切关系，教练员设置预期目标只有略高于优秀运动员的期望目标，才有可能更好地完成最终的预期目标。刘鎏、王斌的《我国专业体育教练员胜任特征模型的研究》[②]通过初步建立"我国专业体育教练员胜任特征词典"并对我国32名省级以上专业教练员(涉及11个项目)进行行为性事件访谈(BEI)，初步建立了我国专业体育教练员胜任特征模型，该胜任特征模型包括知识的获得、权威、自信、团队意识、相信团队成员并促进合作、关注细节和关怀。邱芬、姚家新、韩坤在《基于胜任特征的教练员人力资源管理与开发》[③]一文中把胜任特征理论应用于教练员管理与开发中，用以克服传统的选拔、招聘、培训、绩效预测、评价、管理的局限性，为教练员人力资源管理提供了更广阔的视角和新

---

① 周成林等:《我国部分优势竞技运动项目教练员领导行为特征与评价研究》,《体育科学》2005年第10期。

② 刘鎏、王斌:《我国专业体育教练员胜任特征模型的研究》,《体育科学》2007年第3期。

③ 邱芬、姚家新、韩坤:《基于胜任特征的教练员人力资源管理与开发》,《武汉体育学院学报》2007第11期。

的技术，促进教练员的科学管理和开发。邱芬、姚家新在《我国专业教练员胜任特征模型、评价量表的建立及测评研究》①一文中采用行为事件访谈法对 34 名专业教练员进行访谈，建立了包括 9 项特征的专业教练员的胜任特征模型：知识的获取、创新、团队合作、沟通、关注细节、洞察力、解决问题、分析思考和权威。以模型为结构建立了教练员胜任特征评价量表，并检验了量表的信度、效度等测量学属性。该研究不仅考察了教练员胜任特征的特点，还考察了教练员胜任特征与运动员满意度之间的关系。结果表明，项目特点和项目级别的差异，使得教练员的胜任特征也有着不同特点，此外，教练员的胜任特征与运动员对教练员执教行为满意度之间存在密切关系。上述有关教练员胜任特征的研究均重视教练员知识的获得和教练员的权威性以及团队合作、关注细节等问题。

5. 教练员管理的复合研究

除了上述从单一环节对教练员管理流程的研究外，还有一些研究从多个环节审视教练员管理问题。如贺峰的《对江苏省青少年排球教练员管理体制和激励机制的研究》②基于对江苏省青少年排球教练员队伍现状的调查分析，重点从教练员的选拔、考核和奖励这三个环节分析了教练员的管理，该研究认为教练员能力的选拔可以划分为显性能力因素和隐性能力因素，只有同时具备了以上的两种能力因素，才能在以后的训练工作中取得优秀的成绩。研究认为对教练员的评价指标要细化，而且应该采用数学方法进行量化评分，以使教练员训练工作的评价更为客观。在对教练员奖励工作中，尽可能设置教练员个人训练工作中的单项奖。梁亚

① 邱芬、姚家新：《我国专业教练员胜任特征模型、评价量表的建立及测评研究》，《体育科学》2009 年第 4 期。

② 贺峰：《对江苏省青少年排球教练员管理体制和激励机制的研究》，扬州大学硕士学位论文，2007 年。

东、陈艳、胡国良在《我国教练员管理的现状分析及对策研究》[①]一文中基于对我国部分竞技体育运动项目教练员选拔、培训、监督评价等现状的分析，认为我国现行的教练员选拔制度和岗位培训制度尚需健全，教练员的管理能力还有待提高，对教练员使用中的监控还存在“盲区”，并据此提出了相应的建议。程利群在《CUBA联赛教练员管理机制阐析》[②]一文中围绕教练员的选拔与引进、教练员的待遇、如何激发教练员的积极性以及教练员的培训等诸多因素对CUBA联赛教练员现行的管理机制进行了分析，提出了完善CUBA联赛教练员管理机制的途径与方法，主要包括实行岗位聘任，采用契约式管理，建立完善的聘任机制和明确培训目标，提高培训的系统性和长期性以及强化激励制度、激活人才活力、提高用人效益等三个方面，并提出要建立更加科学化、人本化的CUBA联赛教练员管理机制。

教练员管理的多因素研究，相比单一因素研究，虽然没有它深入细致，但考虑到了不同环节之间的相互关系以及联动效应，从一定程度上弥补了单一环节研究的不足。

6. 人文关怀视角下体育教练员管理的研究

该类研究从人文关怀的视角下，对教练员需求、职业压力、职业倦怠等方面的管理探寻了解决途径，如吴进新的《福建省竞技教练员职业压力现状调查分析》[③]、李林的《我国专业体育教练员工作绩效与工作倦怠的关系研究》[④]、张玉泉等的《竞技体育教练员

---

① 梁亚东、陈艳、胡国良：《我国教练员管理的现状分析及对策研究》，《商业文化(学术版)》2007年第5期。

② 程利群：《CUBA联赛教练员管理机制阐析》，《北京体育大学学报》2010年第3期。

③ 吴进新：《福建省竞技教练员职业压力现状调查分析》，《莆田学院学报》2011年第6期。

④ 李林：《我国专业体育教练员工作绩效与工作倦怠的关系研究》，《成都体育学院学报》2011年第7期。

职业倦怠研究》[①]、王翠萍的《体育学校教练员的完美主义及其与职业倦怠的关系》[②]等。

肖云等在《竞技体育教练员信息需求调查分析》[③]一文中，通过对部分竞技体育教练员进行体育信息需求情况的调查，分析、研究该类人群在对于信息的认识程度、获取信息的渠道、信息需求的重点、获取信息的主要形式、影响其获取与利用信息的主要原因等方面的特点，探讨了体育信息利用率不高的相关因素，从而为推动竞技体育信息工作，更好地开发体育信息市场提供可行性的意见和建议。

赵茜、张力为在《教练员心理疲劳的特征及相关因素》[④]一文中认为，教练员的心理疲劳是一项较少得到重视但对训练竞赛和运动员产生重要影响的因素。以马斯拉奇(C. Maslach)的心理疲劳理论为基础，从成就感降低、情绪及体力耗竭、运动负评价三个心理疲劳维度出发，重点分析教练员心理疲劳的相关因素。标准回归分析表明，对于成就感降低维度起预测作用的三个变量分别是文化程度、执教年限、每周工作小时数；对情绪体力耗竭维度起预测作用的是执教年限、工作量主观感受程度；而对于运动负评价维度起预测作用的有执教年限、工作量主观感受程度、周工作小时数等三个变量。该研究认为，教练员心理疲劳与教练员工作满意感有显著相关关系，成就感降低越少、情绪体力耗竭越少，对运动负评价越低，工作满意感越高。该研究从心理学的角度探索了如何应对教练员疲劳问题。

---

① 张玉泉等:《竞技体育教练员职业倦怠研究》,《体育文化导刊》2011 年第 1 期。

② 王翠萍:《体育学校教练员的完美主义及其与职业倦怠的关系》,《职业与健康》2011 年第 10 期。

③ 肖云等:《竞技体育教练员信息需求调查分析》,《体育科学》2001 年第 2 期。

④ 赵茜、张力为:《教练员心理疲劳的特征及相关因素》,《体育科学》2007 年第 12 期。

殷小川、薛祖梅的《竞技运动项目教练员工作倦怠量表编制》[①]从竞技运动项目教练员工作特点和工作倦怠主题入手，进行了探索性因素分析。验证结果表明，所提取的四个因素——情绪衰竭、去个性化、个人成就感低、知识枯竭感与构想模型拟合较好，编制的竞技运动项目教练员工作倦怠量表的信度、效度均达到心理测量学上的要求，可以作为今后测量竞技运动项目教练员工作倦怠状况的工具。

陈小龙、李靖、王健珍的《论教练员的管理策略》[②]一文从心理学的角度就如何激发教练员的热情，调动他们的积极性和责任感，实现对教练员管理的最佳效果作了探讨，认为在教练员管理中应激发其成就动机，树立其强烈的责任心，尊重教练的自尊心，加强管理中的情感投入。

7. 运动队管理视角下的教练员管理研究

该类研究在运动队管理背景下开展，多把教练员作为运动队的重要成员，从运动队管理的角度对教练员管理进行研究，不少运动队管理研究中甚至很少涉及教练员管理，更多地注重于经费管理、运动员管理和训练管理。如曾小松的《我国高校高水平运动队管理体系的研究》[③]即围绕运动队的招生、训练、专业学习和经费四个方面探讨了运动队管理体系。但仍然有学者注意到了运动队管理中教练员管理的重要性，如李笋南、杨国庆、郎健在《中美大学

---

① 殷小川、薛祖梅：《竞技运动项目教练员工作倦怠量表编制》，《心理学报》2009年第6期。

② 陈小龙、李靖、王健珍：《论教练员的管理策略》，《西安体育学院学报》2000年第3期。

③ 曾小松：《我国高校高水平运动队管理体系的研究》，《武汉体育学院学报》2001年第3期。

高水平篮球队教练员管理因素比较研究》[①]中对中美大学教练员选配制度、教练组人员配备、教练员水平和训练态度等四个主要关系运动队训练水平提高的管理因素进行比较，借鉴美国较成熟的管理经验，为我国篮球运动队中教练员的管理工作提供了建议。杨一民在《对各级国家足球队竞训管理若干问题的初步探讨》[②]一文中，从教练员选聘的角度探讨了国家队教练的管理问题，并强调了沟通的重要性，提出要注重国家队与俱乐部教练员的沟通问题，各级国家队应建立教练组业务例会制度，以确保信息畅通。介春阳在《管理博弈论在运动队管理中的应用》[③]一文中运用管理博弈论对运动队管理的相关因素进行了研究，认为在运动队管理中合理地运用管理激励机制和管理约束机制能达到预期的管理目标，能够节省有限的资源，为运动队取得优异的运动成绩提供保障。王文宾、张宁、张玉超的《博弈论视角下的运动队管理》[④]把运动队管理关系界定为教练员与运动员之间的关系、运动员相互之间的关系。该研究认为必须树立双赢意识，建立合适的激励约束机制，意识到博弈的长期性，建立相互信任关系，构建奖惩、监督机制。马进荣、宫士君的《优秀运动队管理若干问题的探讨》[⑤]对优秀运动队管理的指导思想、管理人员的管理、运动员的管理及辅助人员的管理进行了研究，而教练员在该研究中被看作管理人员的一部分。该研究认为，优秀运动队管理应该坚持全面的指导思想、从实

---

① 李笋南、杨国庆、郎健：《中美大学高水平篮球队教练员管理因素比较研究》，《沈阳体育学院学报》2006 年第 6 期。

② 杨一民：《对各级国家足球队竞训管理若干问题的初步探讨》，《体育文化导刊》2007 年第 6 期。

③ 介春阳：《管理博弈论在运动队管理中的应用》，《职业时空》2008 年第 1 期。

④ 王文宾、张宁、张玉超：《博弈论视角下的运动队管理》，《体育世界（学术版）》2010 年第 8 期。

⑤ 马进荣、宫士君：《优秀运动队管理若干问题的探讨》，《体育科技文献通报》2010 年第 5 期。

际出发的指导思想和以人为本的指导思想，对任何成员的管理都要坚持外部管理与成员自律相结合。

8. 教练员管理的方式方法的研究

有关教练员管理的方式方法的研究数量相对较少。李晓霞、王冰在《运用现代科学管理手段　加强教练员队伍建设》①一文中强调用科学的方法来管理教练员队伍，在管理的实施过程中要发挥教练员的主观能动性及注意对教练员能力的培养。赵海权在《NCAA 与 CUBA 教练员管理方式的比较研究》②一文中阐述了 NCAA 教练员管理方式的成功经验，并与 CUBA 教练员的管理方式进行比较，从中提出若干可资借鉴的建议。

小结：从上述研究状况来看，当前国内有关教练员的研究主要集中在教练员的现状调查、教练员的素质、教练员作为管理主体的行为研究、心理研究以及教练员人力资本研究等。有关教练员管理方面的研究主要以管理中某一个环节或者某几个环节的研究为主，侧重于对教练员选拔、培训方面的研究。我国教练员培训方面的研究不管在数量上还是在质量上都当属教练员研究领域里比较丰厚的。我国学者不仅对国内教练员培训的现状与对策、培训内容、培训手段、培训的管理机制、培训的监督与评估、培训客体的需求和自我感知等方面进行了研究，还对国外教练员培训进行了研究，并对国内外有关情况进行了比较。研究涉及的面较宽，研究内容也相对深入，具有较好的现实指导价值。

① 李晓霞、王冰：《运用现代科学管理手段 加强教练员队伍建设》，《山东体育科技》2003 年第 3 期。

② 赵海权：《NCAA 与 CUBA 教练员管理方式的比较研究》，《赤峰学院学报（自然科学版）》2010 年第 4 期。

二、国外有关体育教练员的研究

国外有关教练员的研究内容丰富，既有教练员管理制度、体系的研究，也有教练员自身素质、压力、心理、运动员管理等方面的研究，但大多研究集中在与教练员执教能力有关方面的探讨上，主要围绕如何提高教练员的综合素质以及执教能力而展开。为了尽快提高和优化教练员素质结构，一些国家还召开了专门的会议，对教练员素质结构问题进行学术性、对策性探讨和研究，甚至有些国家由政府作出提高教练员素质目标的决定。所有这些都反映了一种共同的趋势：对教练员素质结构的研究已成为一个全球性的、战略性的问题，提高教练员素质已成为世界各国提高竞技体育科学化训练水平的主要途径。但由于各国体育发展模式的不同，对教练员研究的重点也不同。如美国以学校体育为支撑的发展模式，使其对校园体育教练的研究更多、更深入。

（一）教练员素质及培养方面的研究

国外学者从运动训练学、心理学和管理学等不同角度对教练员素质进行了研究。其中，从运动训练学角度研究教练员素质问题的文献相对丰富，内容也较为广泛深入，研究了不同运动项目对教练员素质要求的差异。由于各个国家和地区有着不同的社会和文化背景，对教练员素质的要求也存在差异。多恩（Philip K. Dorn）认为足球教练员的素质结构至少包括提高运动员的身体素质和运动能力，具有制定严格有效的训练计划的能力，帮助运动员提高内心情感水平和改善外部形象，帮助运动员提高纪律、行为和态度等方面的标准等四个方面的内容。埃廷顿（J. E. Eitington）认为，一位优秀教练员应具有五个方面的素质：一是善于倾听他人观点和建议；二是能够给予和获得他人建设性反馈意见;三是善于营造一个具有支持性氛围的团体;四是能够控制一个具有开放性氛围的团体;五是善于成功地引进、移植和利用相关学科知识的能力。布莱恩(Tim O. Brien)认为,教练员的素质应包括六个方面:一是自觉地学习哲学知识,培养辩证的思维方式;二是养成写训练日记的习惯;三是善于从别人的错误中学习经验;四是与运动员建立一种信任、协调、密切的联系;五是具有明确的原则,并知道如何去落实自己的原则;六是与运动员的关系要保持在教练员与朋友之间的平衡。进入 20 世纪 90 年代,随着人们对运动训练规律认识水平的不断提高,一些学者认为教练员素质的高低和素质结构的合理程度是影响科学化训练水平的主要因素。针对这一问题,一些学者提出教练员要具备强烈的敬业精神和科研意识,要具有高智力结构和能力结构。还有学者提出传统因素、职位因素、资历因素构成了教练员权力性影响力,而品格因素、才能因素、知识因素、感情因素则构成了教练员非权力性因素,并进而提出在运动训练过程中,教练员应合理使用权力性影响力,努力培养非权力性影响力。

从心理学角开展的研究主要是对教练员应具备的基础素质或品质进行研究。概括地说它又可以分为两类:一类是从经验层次上,根据教练员人格特质和性格特点来研究教练员应具备的若干品质和素质。亨德利(L. B. Hendry)通过对教练员的个性品质进行研究后指出,他们在人格方面具有许多共同的特征。权威型教练员的行为正在失去人性化特征,变得武断专横。切拉杜拉(P. Chelladurai)和哈格蒂(T. R. Haggerty)通过对教练员领导方式进行研究后认为,教练员可分为独裁型、权威型、参与型、个体协商型和集体协商型等五种类型。另一类是一些学者将教练员分为权威型、民主型、社会支持型、积极反馈型,并指出教练员的行为知觉和运动员期望的行为方式之间存在着不一致性。虽然上述两种分类方法不同,但并无实质性差异。

对教练员管理行为相关素质的研究早在20世纪50年代就已开展,汉菲尔(J. K. Hemphill)和孔斯(A. E. Coons)通过对教练员管理行为的分类研究认为,有34项管理行为素质对教练员开展运动队管理和指导运动训练工作最为有效。卡隆(A. V. Carron)和班尼特(B. B. Bennett)运用舒茨(A. Schutz)的人际关系与行为定向的基础理论,对教练员与运动员的协调能力进行了研究,认为教练员和运动员在上述两类能力方面存在着明显差异,尤其是个人的控制能力、情感层次、与他人发展联系的能力是形成差异的主要因素,并据此对教练员的管理能力、指导运动训练能力和心理训练的能力与方法提出若干建议。

国外有关体育教练员培养方面的研究主要集中在教练员能力与素质的完善和高校教练员培养方式等方面。研究从不同的角度对教练员培养进行了十分有益的探索,并取得了一定的成效。上述研究对教练员的类型、个性品质、心理素质、知识和能力素质等诸多内容进行了广泛探讨,初步对教练员素质的构成性要素进行了横向和纵向的研究,虽然缺乏定量研究,但在理论上构建了教练员素质结构的基本框架内容,为科学地评判和提高教练员素质提供了丰富的理论依据。当然,在研究方法方面仍存在着一定的缺陷,尤其是对教练员的综合评判主要是以专家的主观评价为基础,这也必然导致研究结果具有一定的主观性。因此,如何进一步弱化甚至消除主观因素的影响,提高综合评判的客观性和科学性,仍是一个有待深入研究的课题。此外,这些研究只是从微观的角度去探析关于教练员培养方面的某些问题,而均未从宏观管理的高度对教练员的培养进行研究。

(二)教练员培训方面的研究

美国学者卡贝特(Marchell M. Cuppett)将教练员培训的教学方法分为指令型和启发型两种。其中,指令型包括指定型、任务型、自我检验型、因材施教型、互教型，启发型包括问题解答型、反证型、个人计划型、学员创造型、指导下的探索型、自教自学型，并通过调查得知教练员对运动后恢复、心理等方面的理论认可度非常高。克伊曼(Michael Keiimann)在研究中提到加拿大教练员培训内容主要涉及体育科学训练理论与方法、专项知识及训练实践三个方面。科学训练理论与方法主要包含体育科学的基础理论、运动生理学、运动生物力学、运动心理学、运动营养、计算机科学与训练计划、教育学、哲学、管理学等，专项知识主要包含专项运动的技术、战术、技能等，训练实践强调高级教练应进行理论与实践相结合的训练。国外教练员的教育和培训都很注重实践的培训和能力的提高，对年轻优秀运动员的培训方式更注重个性化，而且是一种长期培训的过程，不仅仅是单纯的知识传授。

(三)教练员管理体制机制方面的研究

教练员管理的研究主要是围绕教练员制度展开的。资料表明，从 20 世纪 60 年代起，德国、日本、前苏联等国家就开始了教练员培训制度的研究，到了 70 年代，德国、加拿大等国家逐步实行了教练员资格认定制度和培训制度。加拿大哥伦比亚大学的艾立克・布鲁姆教授在《培养和聘用教练员的模式》[①]一文中指出，教练员制度是在一定条件下形成、制定和实施的有关规章制度和组织措施的总和。它包括五个方面的内容：教练员技术等级制度、培训制度、定期进修制度、考核制度和管理使用制度。雷泽(B. S. Laser)曾通过设计调查评价问卷，从运动员的角度来评定教练员。

国外对教练员监督和评价方面，也多以训练水平和能力为主

① [加]艾立克・布鲁姆:《培养和聘用教练员的模式(综述)》，曹文元译，《体育科学》1991 年第 2 期。

要衡量尺度。以美国为例，教练员评价的目的在于改进，而不在于证明，评价原则主要遵循多元化原则（主体、评价方法和资料来源、评价对象多元化）和主体性原则，将反馈评价后的辅导以及教练员的反思置于重要地位。美国推行“标准本位的教练员评价”，其标准主要有专业能力、训练能力、运动队管理、运动员评价、训练表现、人际沟通、专业成长和人格特质8项。在具体评价方法上，包括训练课观察、运动员成就、档案袋、同行评价等。美国教练员评价中更强调教练员平时训练水平和能力，而我国更注重比赛结果。国外的一些好的经验在成熟的市场经济背景下具有一定的合理性和普遍性，对我国体育教练员培养机制的研究具有一定的启迪意义。

总结：通过对国内、外相关研究成果的梳理，发现有关体育教练员的研究成果颇为丰硕，为教练员管理方面的研究提供了扎实的理论基础。早期教练员的研究以定性研究为主，定量研究较少，研究比较分散，涉及了教练员的行为、品质、智能结构、培养、职称评审等诸多方面。2000年以来的研究则以定量与定性相结合，更注重调查研究、实证研究，研究内容开始向纵深发展，尤其是随着国家相关政策的出台，有关教练员培训的研究大量涌现。

但当前学界有关我国体育教练员管理方面的研究还相对薄弱，在数量、质量和深度、广度等方面均相对有限。存在研究对象单一，研究方法过于简单，研究目标与实际需求不一致，缺乏社会转型期多学科、新理论下的创新和突破等问题。此外，当前研究大多围绕教练员管理的某一环节或方面开展，忽视了教练员管理不同要素之间的匹配与整合。对教练员管理的单个问题进行研究固然很重要，比如教练员培训、教练员考评都是教练员管理体系的重要组成部分，但仅对单个问题的研究容易忽视其他可能存在的因素对研究结果的影响。决定教练员管理成效的是整体的管理实践，而非单独的一个方面。管理中的各个问题是相互作用、相互影响的，应把各个管理环节整合成一个大系统来进行整体审视和优化，并从满足社会转型期管理体制变革需求的角度进行创新探索，但当前从该角度所开展的研究却几乎为空白。

三、有关管理创新的研究

1912 年，经济学家约瑟夫·熊彼特首次提出了“创新”的概念。创新是指以新颖独特的方式综合各种思想或在各种思想之间建立起新的联系的一种能力，它以不断地开发做事的新方式以及解决问题的新办法为重要特征，是组织发展动力的重要源泉。管理创新(Management Innovation)是指组织把新的管理要素(如新的管理方法、新的管理手段、新的管理模式等)或要素组合引入管理系统以更有效地实现组织目标的创新活动。管理创新的具体内容可以包括三个方面：一是管理思想理论上的创新；二是管理制度上的创新；三是管理具体技术方法上的创新。三者从低到高，相互联系，相互作用。

周祖城、王凤科在其《管理创新与创新管理》[①]一文中就管理创新与创新管理进行了辨析，管理创新(Administrative Innovation)就是在管理要素(管理目的、管理主体、管理对象、管理职能、管理思想、管理原则、管理方法、管理手段等)方面产生新的构想、新的观念以及这些新的构想、新的观念的运用的整个过程，是对管理活动的创新，而创新管理是对创新活动的管理。创新管理理论大体上经历了传统创新管理理论、组合创新管理理论、全面创新管理理论三个阶段。20 世纪 80 年代末 90 年代初期，美国学者迈克尔·哈默(Michael Hammer) 等以及达文波特(T . H. Davenport)提出了流程再造的理论，掀起了全球范围内企业流程再造的

---

① 周祖城、王凤科：《管理创新与创新管理》，《技术经济》2000 年第 10 期。

热潮，进而形成了全流程创新观。进入 21 世纪，创新管理逐步形成以全面创新为特征的管理模式。创新管理的重点是搭建创新链，使链条间整合贯通，使各个管理环节通过协同呈现出螺旋式推进态势。

许庆瑞、谢章澍、郑刚的《全面创新管理的制度分析》[①]一文从制度的角度，分析全面创新管理的制度内涵，系统讨论全面创新管理的内生性、外生性制度体系，促使企业对创新的制度体系进行系统的安排，以保证全面创新管理的持续性和有效性。全面创新管理是创新管理的新范式。许庆瑞、郑刚、陈劲在《全面创新管理：创新管理新范式初探——理论溯源与框架》[②]一文中指出，创新管理是以培养核心能力、提高核心竞争力为导向，以价值创造（价值增加）为目标，以各种创新要素（如技术、组织、市场、战略、文化、制度等）的有机组合与全面协同创新为手段，通过有效的创新管理机制、方法和工具，力求做到“全要素创新、全时空创新、全员创新和全面协同”。全面创新观与传统创新观的显著区别是突破了以往仅由某个部门孤立创新的格局，突出了以人为本的创新生态观，并使创新的要素与时空范围大大扩展。随着管理创新在理论和实践领域的快速发展，体育事业的全球化发展，使得体育领域的管理创新也被提上日程，但我国当前体育管理体制在创新方面尤显不足。

早在 20 世纪 70～80 年代，一些学者提出并发展了创新的“双核心理论”[③]，该理论认为组织里的创新主要分两大类，即技术创新和管理创新（Administrative Innovation）。相应地，也就有技术核心和管理核心两个核心。“双核心理论”认为，只有两种创新互

---

① 许庆瑞、谢章澍、郑刚：《全面创新管理的制度分析》，《科研管理》2004 年第 3 期。

② 许庆瑞、郑刚、陈劲：《全面创新管理：创新管理新范式初探——理论溯源与框架》，《管理学报》2006 年第 2 期。

③ Fariborz Damanpour, “Organizational Complexity and Innovation: Developing and Testing Multiple Contingency Models,” *Management Science*, 1996, p. 5.

相协同，才能使得创新绩效最佳。郑刚进一步将 TIM 范式的内涵概括为“三全一协同”，即全要素创新、全员创新、全时空创新及全面协同。①

随着管理创新在理论和实践领域的快速发展，以及体育事业自身的快速发展，体育领域的管理创新也被提上日程，但当前我国的体育管理领域在创新方面尤显不足。

第二节 理论基础

对竞技体育教练员的管理牵涉到很多方面因素，是一项复杂的系统工程，以科学的理论基础作指导是保障管理有效开展的关键。本书引入了大部制理论、系统论、博弈论、人力资本理论、契约理论等，为我国竞技体育教练员管理体系的进一步完善提供了多学科理论指导与借鉴。

一、系统论

系统科学是 20 世纪 40 年代后兴起的一门具有重大理论和方法意义并具有很强实用性的综合型、横断型科学技术，发展至今已形成了一个庞大的学科群。② 系统论作为系统科学的子学科之一，研究系统的一般模式、结构和规律。它是具有逻辑和数学性质的一门科学，用数学方法定量地描述系统的功能，寻求并确立适用于一切系统的原理、原则和数学模型，总结各种系统的共同特征。系统论改变了人们认识事物的视角，为人们提供了一套崭新的思

① 参见郑刚：《基于 TIM 视角的技术创新过程中各创新要素全面协同机制研究》，浙江大学博士学位论文，2004 年。

② 参见高奇：《系统科学概论》，山东大学出版社 2001 年版，第 1 页。

维方式和科学的组织管理方法。其中,整体观念是系统论的核心思想。贝塔朗菲强调,任何系统都是一个有机的整体,而不是各个部分的机械组合或简单相加,系统的整体功能是各要素在孤立状态下所不具备的。他用亚里士多德的"整体大于部分之和"的名言来说明系统的整体性,反对机械论的观点。系统论已被引入体育领域中,并在体育管理、体育教学、体育训练和体育比赛中发挥了重大作用。

二、大部制理论

从中共十七大报告首次提出"加大机构整合力度,探索实行职能有机统一的大部门体制,健全部门间协调配合机制",到中共十八届二中全会通过《国务院机构改革和职能转变方案》,提出要稳步推进大部门制改革,再到十二届全国人大一次会议表决通过了该方案,大部制改革在中国逐步深入。

国家行政学院汪玉凯教授把大部制诠释为:在政府的部门设置中,将那些职能相近、业务范围雷同的事项,集中到一个部门进行管理。① 中央机构编制委员会办公室左然将其界定为:所谓"大部制"就是相当于西方国家把一些职能相近的部门或职能相关的部门重组为一个大部,把原来的部委或改革为内设的职能司(局),或改为归部委管理又具有一定独立地位的机构。《每日经济》的分析专栏认为:"大部制是指政府各级部门在机构设置上,加大横向覆盖的范围,将类似的职能尽量集中在一个大的部门中,部门的管理主要是从宏观上管理,制定战略和大的政策。"②还有学者把现阶段中国的大部制改革内涵界定为:在横向与纵向整合政府机构

① 参见《中央大部门建制改革方案初稿已完成》,新华网,2008 年 2 月 16 日。

② 王四方:《"大部制"改革研究综述及前瞻》,《当代社科视野》2008 年第 2 期。

的基础上，实现行政权力的规制与重构并通过法律的保障和支撑，保证社会公共服务的有效展开，回应多元化社会建构需求，缔造一个结构优化、职能转变、理念优良和队伍干练的良好政府。[①]

大部制改革通过横向的跨部门、跨行业和跨地区的整合以及纵向的协调保障，最大限度地避免政府职能交叉重叠、政出多门和多头管理，以实现行政成本最低化、管理效率最大化的目标，并最终建成“小政府”的“大部门”。大部制理论对于当前我国竞技体育教练员管理组织机构改革具有较大的借鉴价值，在竞技体育教练员管理领域引入大部制理论，既适应了市场经济的发展，也是科学设置管理组织机构的需求。

三、博弈论与管理博弈论

(一)博弈论

博弈论(Game Theory)亦名“对策论”或“赛局理论”，是研究决策主体的行为发生直接作用时候的决策以及这种决策的均衡问题的。[②] 作为一门科学理论，博弈论综合运用数学、逻辑学等学科方法，为人们就具有博弈性质的问题如何作出合理的决策提供了科学的方法论。博弈论综合考虑事件中个体的实际行为和预测行为，并研究它们的优化策略。目前，博弈论在军事战略、经济学、国际关系、生物学、计算机科学、政治学和其他很多学科都有广泛的应用。

《孙子兵法》不仅是一部古代经典的军事著作，而且算是最早

① 参见雷震:《大部制改革的概念界说与路径选择》,《长安大学学报(社会科学版)》2008 年第 3 期。

② 参见陈阳:《管理博弈》,中国经济出版社 2001 年版,第 2 页。

的博弈论著作。可以说博弈论思想古已有之。其最初主要研究赌博、象棋中的胜负问题，人们对博弈的把握大多停留在经验上，而没有向理论层面发展。

近代对于博弈论的理论化研究，开始于策墨洛(E. Zermelo)、波雷尔(E. Borel)及冯・诺依曼(Von Neumann)。1928 年，冯・诺依曼证明了博弈论的基本原理，宣告了博弈论的正式诞生。1944 年，冯・诺依曼和摩根斯坦共著了《博弈论与经济行为》，这部划时代的巨著将二人博弈推广到 N 人博弈结构，并将博弈论系统地应用于经济领域，从而奠定了这一学科的基础和理论体系。1950～1951 年，约翰・福布斯・纳什(John Forbes Nash)开创性地提出多人博弈的均衡点、非合作博弈等等，给出了纳什均衡的概念和均衡存在定理，为博弈论的一般化奠定了坚实的基础。此外，塞尔顿、哈桑尼的研究也对博弈论的发展起到了推动作用。今天博弈论已发展成一门完善的学科并在现代社会中发挥着巨大作用。

(二)管理博弈论

管理博弈论是博弈论在管理学领域的运用与发展，是围绕管理激励与约束机制设计的一系列理论与方法。管理的核心是如何最大限度地发挥主观能动性，并创造性地开展工作，这其中就包含了管理者与被管理者之间的博弈。管理博弈论以管理问题为导向，设计主体是管理者，实施对象是被管理者，管理者通过设计和建立有效的激励与约束机制，激励、约束、规范被管理者的行为。

随着市场经济体制的逐步确立，中国进入利益博弈时代，多方利益博弈成为体育管理中面临的重要问题，尤其是在竞技体育管理领域，利益的博弈表现得更为突出。李益群、谢亚龙的《体育博弈论》[①]第一次把博弈论引入体育领域。当前,博弈论在体育中的应用较多地体现在竞技赛场上,即比赛双方或多方在竞争中的博弈及最优选择,但在体育管理领域,博弈论和管理博弈论应用得相对较少。

四、人力资本理论

杰克逊(Susan E. Jackson)和舒勒(Randall S. Schuler)在《管理人力资源:合作伙伴的责任、定位与分工》[②]一书中提出,人力资源管理是通过系列性管理活动来保证对人力资源进行有效的管理,目的是为实现个体、社会和企业的利益。有关人力资源管理的研究既有宏观上的,也有微观上的,既有单一研究,也有复合研究,其中,不仅组织层次上有复合研究,个体层次上也包含了单一研究和复合研究。个体层次上的单一实践研究有招聘、选拔、培训、绩效考核、激励等,个体层次上的复合研究最突出的是对心理契约的研究。组织层次上的复合研究包含两方面的议题:一是人力资源管理实践和组织绩效的关系;二是人力资源管理实践的分类。

人力资本是人力资源发展到知识经济时代的产物。人力资本理论萌芽于 18 世纪,形成于 20 世纪 60 年代,80 年代以后得到了飞速发展。这一理论主要是探讨人力资本的基本特征、形成过程、投资形式以及投资收益等相关问题。20 世纪 60 年代初,“人力资本之父”舒尔茨(T. W. Schultz)提出:“人力资本是指体现在人身

① 李益群、谢亚龙:《体育博弈论》,北京体育大学出版社 2002 年版。

② [美]苏珊·E.杰克逊、兰德尔·S.舒勒:《管理人力资源:合作伙伴的责任、定位与分工》,欧阳袖、张海容等译,中信出版社 2006 年版。

上的技能和知识的存量，它通过教育、培训、保健等投资而形成。”[①]他与贝克尔共同创立了人力资本理论，开辟了人类关于人的生产能力分析的新思路。该理论将资本划分为人力资本和物质资本，突破了传统理论中的资本只是物质资本的束缚，并指出在经济增长中，人力资本的作用大于物质资本的作用，为人力资源管理的改革提供了全新的视角。

在知识经济时代，在“人才成就未来”的大环境下，人力资源成为现代竞争中最为重要的资源之一。受到知识经济以及更强调人力资源为组织重要资源趋势的影响，人力资本日益受到重视。人力资本理论的形成对很多学科产生了深远的影响，管理学即是其中之一。一种新型的人力资源管理模式——以人力资本为主导的人力资源管理模式应运而生。人力资本管理是建立在人员和组织价值共同最大化的目标和基础上的。人力资本管理正是通过整合人力资源管理的各种手段，而获得更高水平的价值实现。人力资本管理与人力资源管理相比，其先进性在于人力资本管理更偏重关注人的可持续发展，重视通过培训和激励并重等多种“投资”手段来提高人的价值。而人力资源只是立足于人的现有状况来挖掘潜力，偏重于激励手段和方式的进步。

五、契约理论

社会契约论是西方政治思想史中用契约关系解释社会和国家起源的政治哲学理论。契约论视国家和法律为人们相互约定的产物，用以说明政治权威、政治权利和政治义务的来源、范围和条件等问题。一般认为，契约分为两种：一种是社会据以成立的契约，称为“社会契约”；另一种是政治机构或政治权威据以确立的契约，

---

① 李冉：《人力资本理论对人力资源管理的启示》，《人力资源》2006 年第 6 期。

称为“政府契约”。

契约论思想早在古希腊智者派那里就已萌芽，此后，古希腊哲学家伊壁鸠鲁对其加以比较明确的论述。15～16世纪，一些反暴君派的贵族思想家系统地论述了契约论思想，把它看成反抗非正义统治的根据。契约论最盛行的时期是17～18世纪。其主要代表人物有法国的卢梭，英国的霍布斯和洛克，荷兰的阿尔色修斯、格劳秀斯和斯宾诺莎，德国的普芬多夫等。这一时期的契约论以自然法学说为基础，认为人类最初生活在没有国家和法律的自然状态中，受自然法支配。但由于种种不便，人们联合起来订立契约，以便更好地实现自然权利，这就产生了国家。法国杰出的启蒙思想家让·雅克·卢梭指出：“寻找出一种结合的形式，使它能以全部共同的力量来卫护和保障每个结合者的人身和财富，并且由于这一结合而使每一个与全体相联合的个人又只不过是在服从自己本人，并且仍然像以往一样地自由。”[①]由于思想家们对契约形式和性质的理解有所不同，结论也不同。这些不同的结论反映了资产阶级在不同历史条件下的政治需要。

19世纪以后，契约论受到各种批判，逐渐趋于衰落。20世纪，又出现了一种新契约论，主要代表人物为美国的J. B. 罗尔斯。他创新了对“契约”的界定，认为契约不是为了参加一种特殊的社会或为了创立一种特殊的统治形式而订立的，订约的目的只是为了确立一种指导社会基本结构设计的根本道德原则，即正义原则。他认为这种原则必然包括两部分内容：一是平等自由原则；二是社会的公平平等原则和差别原则的结合。

苏格兰血统的美国学者麦克尼尔则主张将契约置于整个社会背景中予以分析，从而独树一帜地把超出合意之外的各种纷繁复杂的“关系”引入到了契约中。麦克尼尔在其代表性的著作《新社

---

① [法]卢梭：《社会契约论》，何兆武译，商务印书馆2003年版，第23页。

会契约论》一书提出,“新社会契约”其新之处在于突破了传统的实证主义法学的契约概念,其社会性一方面在于其包含了各种社会关系,另一方面它也是基本的社会经济工具。[1] 从而让契约论焕发了新的生机并在社会管理领域得以广泛应用。

① 参见[美]麦克尼尔:《新社会契约论・导言》,雷喜宁等译,中国政法大学出版社 2004 年版。

第二章　竞技体育教练员的特性与管理

第一节　竞技体育教练员的特性

一、竞技体育教练员的职业内涵

1999年出版的《中华人民共和国职业分类大典》[①]把“教练员”职业及其所从事工作的主要内容界定为：教练员是指在体育运动训练和竞赛中，培养、训练和指导运动员的专业人员。仇军、平越、宋凯认为，教练员的劳动过程是综合运用专业知识以及相关学科知识，训练、指导运动员创造优异运动成绩的过程。[②] 它是一种复杂的体力和脑力相结合的劳动。教练员是训练过程的主要设计

① 国家职业分类大典修订工作委员会：《中华人民共和国职业分类大典》，中国劳动社会保障出版社1999年版。

② 参见仇军、平越、宋凯：《教练员职业特征散论》，《中国体育科技》1997年第Z1期。

者，是训练活动的主要组织者，是训练管理工作的重要决策者。①

由于现代竞技体育的快速发展，以及教练员工作对象——运动员的特殊性和差异性，使教练员需要因人、因时、因地、因事制宜，不断调整训练方案、方法、手段和技术、战术的设计，以富有艺术性和创造性的工作形式，去发掘、拓展运动员潜力，创造出优异的成绩。这就要求竞技体育教练员在基于大量信息的基础上，制定并科学调整训练计划，配合运动员的恢复、营养、生理和心理保健等，方能使运动员的竞技成绩不断攀升。这些信息不仅包括本专业领域中最新的训练理论、方法和手段以及技、战术的变化，还要掌握对手的信息和动态、竞技体育的国际发展趋势、竞赛规则的变化等等。因此，该职业对教练员的综合素质有较高的要求，不仅需要不断更新、完善自身知识体系，还要在吸收新知识、新理论的前提下，不断提升实践能力，以富有创新性、艺术性的训练形式，达成训练目标。

早在 1997 年，仇军等就曾提出："对于体育教练员职业特征的认识，目前尚处于混沌状态，这在教练员问题研究不断深化的今天不能不说是一个缺憾。"②时至今日，对于竞技体育教练员职业特征的认识，依然缺乏深入、系统的思索和探究，这对实现竞技体育教练员群体的科学化管理是极其不利的。

二、竞技体育教练员的性格特点

从人性的角度看，每个人具有不同的优点和缺点，也有不同的性格特征，就教练员这一特殊群体而言，有冷静稳重型的，也有粗

---

① 参见汪浩：《我国优秀教练员应具备的基本素质的再审视——兼议我国教练员的选拔机制》，《运动》2010 年第 5 期。

② 仇军、平越、宋凯：《教练员职业特征散论》，《中国体育科技》1997 年第 Z1 期。

暴急躁型的;有幽默风趣型的,也有不苟言笑型的;有富有激情的,也有内敛的。虽然每一位教练员都有自身的个性特征,但也有因这一职业而产生的共同的特质。

前国家体育总局副局长崔大林把教练员的人才特点归纳为以下几个方面:具有极强的竞争性;具有很强的决断性;心理承受力强,具有抗压性;勇于挑战极限,具有献身性;具有创造性,善于创新;具有较强的感知性;具有专一性;个性突出,具有张扬性。①

三、竞技体育教练员的职业特征

从工作内容和工作性质来看,竞技体育教练员既具备专业技术人员的诸多特点,也有自身独特之处。

(一)工作的重复性与创新性

从每一天、每一阶段或每一周期的训练工作来看,竞技体育训练中存在着大量的重复性工作,但这种重复性工作又不是简单的重复,而是一种周而复始的训练、提高、再训练、再提高的过程,需要根据训练实际情况,作动态调整、科学设计,帮助运动员不断超越身体极限而获得质的提升,因此,教练员工作中又离不开创新性。在重复中创新,在创新中反复实践、改进,这是教练员职业的一个显著特征。

(二)工作的自主性与权威性

由于教练员是运动训练工作的主要组织者和实施者,且对运动队竞技目标的实现起着至关重要的作用,因此,教练员在整个运动队中具有特殊地位。竞技体育教练员要负责训练计划的制定、

① 参见崔大林:《教练员的成功要素》,《中国体育教练员》2006年第1期。

实施和监督评价，负责运动员的训练和管理，整个训练活动过程几乎全在教练员或教练员团队指挥下完成，外界干预较少，且运动员和其他相关人员通常要按照教练员的指示和安排开展活动。因此，教练员工作中自主性较大，权威性较强。

此外，竞技体育教练员职业的自主性还源自教练员需要自身综合素质不断突破和提升才能更好地胜任工作。教练员的工作是基于本体内化了的专业知识、技能以及个性心理特征对运动员实施影响，从而实现预定的训练目标，这是教练员职业的又一个显著特征。在现代竞技运动中，不管多么先进的训练理论、训练方法和训练手段，都必须通过教练自身的主体化过程去了解、消化和掌握，只有这样才能在训练中产生效应，而这需要教练员自主地完成。

（三）角色的多元性

竞技体育教练员在日常工作中扮演着多重角色。在面对运动员时，竞技体育教练员是专业运动技术的传授者、示范者，为了获得更好的训练效果，教练员需要扮演一个兼具艺术家和创造者的角色；此外，教练员不仅要管理运动员的日常训练、竞赛，往往还要管理他们的学习和生活，为了更好地对运动员进行思想品德的熏陶，教练员还要扮演富有社会责任感、富有体育精神的楷模。竞技体育教练员不仅是运动员、运动队的管理者，而且在面向竞技体育管理组织时，还是被管理者，要接受管理组织的选拔、培训、考核、评价、奖惩等管理活动。竞技体育教练员职业角色的多元化使其在工作中往往要担当多种角色的职责，难免出现角色冲突，对教练员的管理应考虑该项职业特征。

（四）人际关系的复杂性

教练员工作中面临着相对较为复杂的人际关系。教练员不仅需要与运动员、其他教练员、领队、科研人员、队医等涉及训练工作的各类人员交往，还要与相关领导、各类竞技体育组织的工作人员、裁判员等进行沟通，依靠多方协助方能达成最终的训练目标。教练员与领队之间、教练员与运动员之间以及教练员团队成员之间沟通不当时，最容易滋生矛盾，而这些关系若处理不当，又直接影响教练员工作的顺利开展，也影响着训练组织最终目标的达成。因此，在竞技体育教练员职业中，人际关系相对复杂，并且对其职业目标达成影响较大。

（五）工作的高压力性

在传统竞技体育管理模式下，金牌至上的观念不仅对运动员是残忍的，而且对于竞技体育教练员而言，也会带来巨大的工作压力，容易产生职业倦怠。由于竞技成绩对竞技体育教练员的职称考评、奖金福利等个人利益的重大影响，从而迫使教练员长期奋斗在训练场上，在“三从一大”（“从严、从难、从实战出发、大运动量训练”的简称）理念下，投身于艰苦的训练，不仅忽视了运动员的全面发展，而且也阻碍了自身专业潜能的充分挖掘和创新能力的拓展，长此以往，不仅容易导致竞技体育教练员职业的高压力性，更容易导致这一职业偏离最本真的体育精神而走向异化。

四、竞技体育教练员应具备的主要特质

一名优秀的竞技体育教练员需要具备很多特质。不仅要掌握普通人难以掌握的运动技术和相关理论，而且在品格和能力上也有一些特别的要求，如强烈的责任感和荣誉感，把握全局、引领方向的能力，善于借鉴、勇于创新、坚忍不拔、投入忘我的精神，还要具备较强的团队组织能力和凝聚力等等。一些有关金牌教练员的研究发现，教练员的自我完善能力、创新能力、人际关系协调能力、

科研能力等在其职业生涯中相对较为重要。我国著名体育学者过家兴教授结合我国实际情况和现代竞技运动的发展需要，对教练员素质提出过六个方面的要求：强烈的职业责任感、丰富的专业知识和实践经验、熟练掌握教育学和方法学技能、勇于探索和大胆创新、高尚的道德情操、高度的政治觉悟。

（一）现代化的训练理念

训练理念在竞技体育教练员执教过程中起着指导性作用，它对于训练计划的制定、执行、修正，训练方式、方法的选择，都有直接而深刻的影响。一名优秀的教练员其训练理念需要不断更新以跟上国际竞技体育发展的步伐，并且还要具有持续的创新精神。很多引入外教的运动项目，也往往是为了引入外教先进的训练理念，本土教练员与外教的分歧也大多是因训练理念的差异导致。

（二）扎实的专业知识

扎实的专业知识是一名竞技体育教练员执教的前提条件和基础。专业知识既包括理论知识，也包括运动技术。随着科技的进步以及在体育领域应用的加深，对教练员专业知识的要求也在不断提升，现代知识的快速更新，也要求教练员必须不断补充新的知识以应对竞争需要。美国的竞技体育教练员大多接受过系统而严格的教育，不仅对本专业的理论知识很熟悉，而且对相关专业知识如生理学、心理学、医学等方面也有所掌握。中国未来竞技体育能否快速发展，取决于竞技体育教练员的知识更新和对最新的理论、技术的掌握和应用。决定因素之一就是教练员能否通过计算机技术和熟练的外语来创造和借鉴国外先进的训练理论与方法，进而提高运动技术水平。[①]

(三)过硬的综合能力

1. 科学训练的能力

教练员现代化训练理念的达成,离不开科学训练能力的支撑。要实现科学训练,需要一名教练员具备知识学习与驾驭能力、训练设计与操作能力、问题诊断和解决能力、科研能力、创新能力、前瞻能力和控制能力等等。比如知识学习与驾驭能力可确保教练员的知识储备得以不断更新,并且对所吸纳的新知识能够灵活运用,尤其是可以多学科综合应用,把知识最大限度地转化到实践中去。

2. 沟通协调的能力

运动训练工作不是单个人能完成的,它需要团队的紧密协作。从制定训练计划、安排人员实施、监督训练进程、把握训练节奏、调整训练安排,到最终完成训练周期、达成训练目标,既需要教练员自身的全身心投入,也需要训练团队其他成员的共同努力,因此,作为团队核心人物和领袖人物的教练员,需要与团队中不同人员沟通,使他们协调合作。

3. 组织领导的能力

从狭义上讲,组织领导能力是科学训练能力的组成部分,但从广义上讲,由于竞技体育涉及的因素和参与人员众多,竞技体育教练员不仅需要在团队中组织指导训练工作,还要担负其他工作,如运动员教育、运动员日常管理等等,这要求教练员必须具备较好的组织领导能力。

4. 临场指挥的能力

竞技体育教练员不仅负责日常训练工作,在竞技体育比赛现

---

① 参见刘鎏、王文斌:《我国专业体育教练员胜任特征模型的研究》,《体育科学》2007 年第 3 期。

场，也发挥着重要作用。教练员的临场指挥能力，对于最终竞技成绩的创造，起着举足轻重的作用。临场指挥能力是多种能力的复合体，包括诊断能力、决策能力、应变能力、心理素质等，要基于对运动员、对手的深度了解和自身丰厚的积累，才能拥有良好的临场指挥能力。

5. 激励他人的能力

教练员工作的宗旨之一是帮助被训练者拓展潜能。成功的教练员善于激发被训练者内在的动力而不是使用外在的压力。教练员能够准确地捕捉到被训练者的发展需要并激励他们为该需要而努力。这是调动被训练者积极性、主动性，影响训练成效的一项至关重要的能力。

6. 形象宣传的能力

塑造良好形象对于提升主体价值具有重要的作用，随着形象的重要性日益受到重视，宣传能力也成为现代竞技体育教练员必备的素质与能力。这种宣传既包括面对媒体时的自我形象和团队形象的宣传，也包括对运动员的宣传能力。前者有助于为自己旗下运动队塑造良好形象，后者则有助于更好地让别人接纳自己的观点、建议，使团体成员尤其是运动员接纳训练目标、计划和技术、战术的安排。

第二节　竞技体育教练员的管理

一、竞技体育教练员管理是一种人力资源管理

“人力资源”一词是 20 世纪 60～70 年代出现于西方管理文献上的。它将人力看成组织发展的一种重要资源，专家、学者们从不同角度对其进行了界定。当代著名的管理学家彼得 • 德鲁克认

为，人力资源拥有其他资源所没有的素质，即协调能力、融合能力、判断力和想象力，它是存在于人体的经济资源，反映一个国家和地区人口总体所拥有的劳动能力。[①] 人力资源管理（Human Resource Management，简称“HRM”）则是伴随着人力资源在现代社会中的地位和作用的日益凸显而应运而生的。

教练员作为竞技训练的设计者、组织者和实践者，是竞技体育领域最重要的人力资源之一，因此，对教练员的管理，也是人力资源管理的一种，应符合人力资源管理的规律，并借鉴人力资源管理的最新成果和成熟的管理机制。

在知识经济时代，现代人力资源管理模式逐步演变为以提升人力资本为核心的管理模式。教练员管理也应转变为围绕教练员人力资本提升、教练员和组织共同发展的宗旨而开展。实现由人力资源大国向人力资源强国的转变，是中国政府始终面临的重大课题和不懈推进的重大事业。而只有实行人才优先的发展战略格局，这一目标方能早日达成。因此，应积极开发教练员资源，充分挖掘每个人的潜能，实现每个人的价值，促进教练员的全面发展，为增强我国竞技体育的综合实力和国际竞争力提供强大的人力和智力支撑。

二、竞技体育教练员管理需要多方协作与均衡

由于竞技体育教练员工作的开展需要多方（如训练组织的管理人员、领队、运动员、教练、科研人员、医务人员等）配合，因此，对竞技体育教练员的管理，不仅仅是对教练员群体的单一管理，而是对涉及训练的多方成员的综合管理，是一项复杂的系统工程，需要多个方面共同的协作，并平衡各方利益，达成帕累托最优。

---

① 参见赵曙明：《人力资源管理研究》，中国人民大学出版社 2001 年版，第 6 页。

三、竞技体育教练员管理更需要弹性和柔性

从上述有关竞技体育教练员特征的分析可以看出，竞技体育教练员职业性质和个性特点决定了单靠传统的行政权力管理和单一的刚性管理模式是难以调动竞技体育教练员积极性、充分开发竞技体育教练员创造力的。因此，必须根据竞技体育教练员的职业性质和个性特点构建新的管理模式，变外压式的强制管理为教练员内调式的自我需求、自我发展从而自主提升自我管理能力。只有充分调动教练员的积极性、主动性、创造性，才能真正达到提高管理效果的目的。也只有采用柔性管理模式才有可能更好地激发教练员的高度责任感和自觉性，达到自我约束、自我管理的目的。

四、竞技体育教练员管理要采用更多样、更灵活的评价、激励和约束机制

由于竞技体育教练员在训练工作中所扮演的多重角色和所担当的特殊地位，决定了单一的激励和约束模式是难以奏效的，也是有失全面的。教练员的工作是一项长时间的甚至是全时空投入的工作，而当前衡量教练员劳动成果的一个最主要、最客观的标准就是运动员在竞技比赛中的成绩，只有创造优异的竞技成绩，教练员才能得到社会的认可，才能得以体现自身的价值，但这种评价标准是有失偏颇的。运动训练是一项长期的、复杂而艰巨的劳动，无法一蹴而就，教练员的辛苦付出更多地体现为一种潜在状态的改变，尤其是在训练的初始阶段。因此，以大赛成绩作为衡量标准，使得评价、激励模式相对单一，不利于充分调动竞技体育教练员的积极性、主动性和创造性，也导致对基层竞技体育教练员的成绩认定相

对较为困难,挫伤了基层人才培养的积极性,进而阻碍了后备人才梯队的建设,影响了竞技体育的可持续健康发展。因此,要求管理者在综合衡量多方利益的情况下,实现教练员管理的最佳博弈,在激励和约束的手段、方法上,都要富有针对性、创造性,应采用更多样、更灵活的形式,以更进一步地激发教练员的自主能动性、积极性和创造性。

第三章　我国竞技体育教练员管理的演进

我国竞技体育教练员管理体制隶属国家竞技体育管理体制范畴，是国家体育管理体制的有机组成部分。由于中国社会改革是一个渐进的过程，因此，我国竞技体育领域的改革也是一个渐进的过程。竞技体育教练员的管理伴随着我国体育管理体制的改革而演变，并受到社会管理体制和体育管理体制的制约。分析我国竞技体育管理体制的历史变革，有助于更加清晰、准确地梳理竞技体育教练员管理的发展脉络，并探寻我国竞技体育教练员管理的一般规律，为科学地构建竞技体育管理体系提供支撑。

第一节　我国竞技体育管理体制的历史变革

一、我国竞技体育管理体制形成的历史背景与条件

（一）我国竞技体育管理体制形成的历史背景

1. 沉重的历史带来的社会诉求

自鸦片战争以来，中国饱受世界列强的欺凌，更被冠以“东亚

病夫”的帽子。虽经历几代人的不断努力，但依然没有彻底摆脱这一形象。增强国民体质，矗立于世界之林，既是时代发展的需求，也是中华民族的历史诉求。因此，发展体育运动、增强国民体质成为新中国成立初期非常紧迫的历史使命。把发展竞技体育作为振兴国家的重要抓手，在当时形成了普遍的共识。

2. 国家政治、经济发展的需要

中华人民共和国的成立，需要大批合格的建设者，从国家政治、经济发展的角度上讲，开展全民体育运动，促进劳动者素质的提高，不仅能提高劳动生产率，推动国家经济的发展，而且能通过竞技体育的发展来增强民族自信心，弘扬爱国主义精神，激发民族自豪感。

3. 体育自身发展的需要

体育从引入中国，并经过几十年的不断发展，已经形成相对齐全的运动项目类群，也造就了一大批热爱和从事体育运动的人群。新中国成立以后，推动体育的普及与提高相结合，符合我国体育自身发展的客观规律。

（二）我国竞技体育管理体制形成的历史条件

1. 国家重视并提出体育发展的指导思想

中华人民共和国成立初期，国家非常重视体育的发展，1949 年发布的《中国人民政治协商会议纲领》第五章第四十八条就提出“提倡国民体育”，把体育发展提升到政治的高度。随着国民体育的开展，周恩来总理在政府工作报告中提出“普及与提高相结合”的体育发展思想。

2. 竞技体育发展的组织条件

中华人民共和国成立之前，我国竞技体育的发展与全国最大的社会体育组织——中华全国体育协进会息息相关，中华人民共和国成立后，于 1949 年对中华全国体育协进会进行了改组，成立了中华全国体育总会,全面负责管理国家的体育事务,其分支机构(项目协会)覆盖了当时所有的项目,并在全国各地设有分支机构,这对我国竞技体育的持续发展起到了至关重要的作用。

3. 竞技体育从业人员条件

中华人民共和国成立初期,竞技体育在我国开展的项目多达十几个,并储备了大量的教练员、运动员;有许多的体育运动员、教练员也纷纷从国外回到国内,参与国家竞技体育的振兴;同时,各体育组织也储备和培养了大批的体育管理人员,为竞技体育的发展储备了较为充足的人力资源。

4. 国内外高水平的运动竞赛为竞技体育发展提供了平台

在 1949 年之前,我国加入了许多大型的国际体育组织,并参加了不少体育竞赛,同时,国内各体育组织也组织了各类全国性的体育比赛。中华人民共和国成立后,延续了这方面的做法,为竞技体育训练提供了检验、提高的平台,为竞技体育管理体制的形成提供了丰富的实践基础。

5. 竞技体育基础理论研究提供了理论支撑

作为新兴的社会主义国家,新中国无论在政治体制上,还是在经济体制上更多地效仿与借鉴了前苏联的做法,在体育领域也更多地借鉴了前苏联的管理模式,同时也引进了大量前苏联的体育理论用以指导我国体育的发展,当然,竞技体育方面也不例外。通过竞技体育理论研究和运动训练模式的借鉴,为新中国竞技体育的快速发展提供了巨大助力。

二、我国竞技体育管理体制的历史发展

作为世界上为数不多的社会主义国家,由于无章可循,我国在发展进程中不断摸索和变革,创新出适合自己的发展方式。在不同历史时期,国家管理体制和经济体制作出了不同的选择。结合

社会发展的进程，以及竞技体育管理的运行方式和权力分配的变化，把我国竞技体育管理体制划分为以下三个阶段：

（一）我国竞技体育管理体制的形成阶段

中华人民共和国成立以后，国家在原有基础上建立起了以社会组织（中华全国体育总会）管理为主的体育管理体制，确立了以普及为主的体育发展思想，重视社会体育的开展。1952年，原国家体育运动委员会成立，体育管理的权限逐步向国家体育行政部门转移，并确立了普及与提高相结合的体育发展思想，开始重视和发展竞技体育。如果说此前是由社会体育组织（中华全国体育总会）管理为主，那么原国家体委的建立则标志着体育管理体制开始向以国家行政管理为主、社会管理为辅的结合型管理体制转变。在国家体育管理体制转变过程中，竞技体育管理体制也就应运而生。随着行政组织体系的逐步健全，相关制度的逐步建立，新的竞技体育管理体制也初步形成，这段时期主要为1949～1959年。

1. 初步建立了竞技体育管理组织体系

1952年，国家体育运动委员会成立以后，依据国家组织原则，先后在省、市、区省级单位以及县级单位建立了相应的体育职能部门，即各级地方体育运动委员会，具体负责地方体育事务的管理。除国家建有专门的竞技体育管理机构之外，地方上主要在省一级建有专门的竞技体育管理机构，而县一级主要是负责社会体育的发展。

1952～1956年，除了国家队和省级专业队以外，根据国家的大行政区的规划，建立了中央体育学院等人才培养机构。同时，中华全国体育总会也根据我国竞技体育运动项目的发展，成立了各种项目协会、行业协会以及地方分支协会。从组织体系上看，基本建立起了以国家行政单位为主、社会体育组织为辅的竞技体育管理组织体系。

2. 初步建立了竞技体育管理制度

为适应国家政治经济发展的需要，规范体育运动的健康发展，在总结和借鉴国内外竞技体育发展经验的基础上，结合我国竞技体育发展的客观实际，国家逐步制定和建立起了相关制度。

1954 年，国家体委公布了《准备劳动与卫国体育制度》的暂行条例和标准；1956 年，国家体委发布了《中华人民共和国运动竞赛制度的暂行规定》，随后又颁布了运动员、教练员等级制度条例及运动等级标准等。此外，还建立了业余训练制度。1956 年，国家体委公布了《青年业余体育学校章程（草案）》和《少年业余体校章程（草案）》，作为高水平竞技体育运动训练的补充。

3. 初步建立了竞技体育训练体系

国家级的竞技体育训练由国家体委的专职部门负责，按项目组建了国家队，进行专门的集中训练；省级建立各地方的优秀专业运动队进行项目训练，在市、县一级建立业余体校，进行竞技体育运动项目的初步训练，为高水平运动队提供后备力量。由此形成了三级运动训练网式的竞技体育训练体系。此外，在人才培养上，建立了以大区高等体育学院培养高层次人才，地方青年、少年业余体育学校培养后备人才的三级人才培养体系作为竞技体育训练体系的支撑与补充。

4. 初步建立了运动竞赛体系

中华人民共和国成立后，我国参加了各类国际比赛，并取得了一些成绩，产生了一定的国际影响。尤其是 1953 年，我国优秀选手吴传玉在罗马尼亚举办的国际青年联欢节运动会上获得男子百米游泳冠军，使五星红旗第一次在国际赛场上高高飘扬。1952～1956 年，国内也举办了一些大型的体育比赛，如 1952 年第一届全军运动会在北京举行，1956 年全国第一届少年运动会在青岛举行。运动竞赛作为检验运动训练成果的平台，很好地促进了竞技体育的快速发展。

总之，到 1959 年我国基本形成了国家主导、社会辅助管理的三级训练网络体系的竞技体育体制。

（二）我国竞技体育管理体制的曲折发展时期

社会主义改造基本完成后，国家进入计划经济时期，中央集权型管理体制逐步形成。受国家体制的影响，我国竞技体育管理体制也逐步形成了集权型的举国体制，这段时期主要在 1959～1993 年。

1. 曲折前进中的举国体制

1959～1966 年，举国体制在曲折中发展。20 世纪 50 年代末期，国家提出体育的发展要“普及”（群众体育）与“提高”（竞技体育）相结合。进入 60 年代，随着举国体制的转变，国家确定了“在当前的形势下，体育工作的重点，应当放在运动训练工作上”的指导思想，对竞技体育的发展采取了“全国一盘棋，缩短战线、保证重点、进行积极休整为中心”的策略。通过对优秀运动队进行精简、调整，协调各方面关系，加强了对优秀运动队的管理；通过精简业余体校，逐步完善后备人才培养的网络和体系；通过减少国内、国际赛事，突出竞技体育比赛的重点；通过不断建立和完善竞技体育规章制度等，基本形成了我国计划经济体制下的、举全国之力发展竞技体育的模式。

2. 时断时续的举国体制

1966～1977 年，中国处于“文化大革命”时期，国家的各项事业都遭受到严重的破坏，竞技体育曾一度不前。在整个十年浩劫中，举国体制随国家政治变幻，处于时断时续的状态，蜚声中外的“乒乓外交”成为当时的亮点，凸显了竞技体育的政治性。

3. 恢复与发展的举国体制

1978～1993 年，是我国竞技体育管理体制逐步恢复与发展的时期。

受“文化大革命”的影响，20 世纪 70 年代末期，我国各领域曾一度瘫痪，濒临崩溃，所以各项事业皆百废待兴。党的十一届三中全会的胜利召开是中国社会发展进程中一个重大的历史转折点。在“全党把工作重心由阶级斗争转移到社会主义建设上来”的思想指导下，我国竞技体育也确定了“普及和提高相结合的前提下，侧重抓提高”的方针政策，初步形成了竞技体育发展的“奥运战略”。在 1984 年洛杉矶奥运会上，中国代表团取得的优异成绩极大地振奋了民族精神，使体育事业的发展成为万众瞩目的焦点。1986 年 4 月 15 日，国家体委颁布了《关于体育体制改革的决定(草案)》，为我国体育体制的改革拉开了帷幕。通过国家包办体育过渡到国家办与社会办相结合，来转变原国家体委等体育行政机构的职能，理顺了国家体委与各方面的关系，恢复、发展各行业体协和基层体协，鼓励与发动全社会参与办体育，并对竞赛体制、训练体制、科研体制等分别进行了一系列的改革与调整。

20 世纪 90 年代初期，体育职业化、商业化程度快速提升，加上大众传媒的广泛介入，国际竞技体育在管理、竞赛、训练等领域发生了较大变化。为顺应国际、国内竞技体育发展的多重变化，1993 年原国家体委制定了《关于深化体育改革的意见》，明确了 20 世纪90 年代体育体制改革发展的基本思路，即实现由计划经济体制下的体育管理体制向与社会主义市场经济体制相适应的体育管理体制转变，逐步建立符合现代体育运动发展规律、国家调控、依托社会、自我发展、充满生机与活力的体育体制和良性循环的运行机制。

20 世纪 80 年代以来我国竞技体育快速崛起的历程深刻证明，发展才是硬道理，而改革是发展的根本动力。只有把实践作为检验真理的唯一标准，通过不断地对那些不适应发展的竞技体制进行大胆改革，才能促进中国竞技体育不断向前发展，不断攀登新的高峰。随着国际、国内竞技体育发展环境变化而不断深化竞技体育体制改革，是我国竞技体育崛起的内在动力与重要成功经验之一。

在“文化大革命”结束以后，为了迅速提高运动技术水平，满足参与国际竞争、提高国际地位的需要，国家体委在 1979 年全国体育工作会议上作出了“国家体委和省一级体委在普及和提高相结合的前提下，侧重抓提高”的战略调整。在 1980 年全国体育工作会议上，对中华人民共和国成立 30 年来体育工作的总结报告中提出：“在我国，体育纳入国家计划，能够运用社会主义制度的优越性，实行集中统一的领导，调动各方面的积极性，按比例有重点地分配财力、物力。这样就能在经济比较落后的情况下，使体育上得更快一些。”尤其是恢复了我国在国际奥委会的合法地位之后，为了满足参加奥运会竞争的需要，对竞技体育的计划性管理得到了进一步加强。洛杉矶奥运会取得的巨大成就，极大地振奋了民族精神，也对我国竞技体育发展方向产生了长远而深刻的影响。于是在 1985 年全国体育工作会议上，正式出台了优先发展竞技体育的“奥运战略”，统领我国竞技体育的各项改革和发展。1986 年原国家体委下发的《关于体育体制改革的决定（草案）》中在肯定“现行领导体制基本可行”的前提下，依据“建设社会主义体育强国”的目标和“以革命化为灵魂、以社会化和科学化为两翼，实现体育腾飞”的指导思想，重点在领导体制、训练体制、竞赛体制等方面进行了补充和完善。

经过 20 世纪 80 年代初期的调整，我国竞技体育以更新的活力和更快的速度向前发展着，举国上下也掀起一场前所未有的体育热潮。由于国家对经济体制、政治体制和文化体制作了一系列改革，外部环境的变化增强了对竞技体育管理体制改革的诉求。为适应新形势下竞技体育发展的需要，原国家体委通过改革竞技体育内部管理机制、理顺内部关系，来提高竞技体育管理的综合效益；通过拓宽竞技体育经费来源渠道，增强竞技体育的自我发展能力；通过调整竞技体育项目的合理化布局，集中有限的人力、财力、物力，取得更好的竞赛成绩。

在社会主义市场经济改革目标确立以后，国家体委也以“改革体制为关键、转化机制为核心、足球改革为突破口”探索体育改革的道路。在1993年国家体委下发的《关于深化体育改革的意见》中，明确了20世纪90年代到21世纪初体育改革的战略总目标与总任务：改变原来在计划经济体制下单纯依赖国家和主要依靠行政手段办体育的高度集中的体育体制，建立与社会主义市场经济体制相适应，符合现代体育运动规律，国家调控，依托社会，有自我发展活力的体育体制和良性循环的运行机制，形成国家办与社会办相结合、集中与分散相结合的格局，力争初步建立具有中国特色的社会主义体育新体制。90年代初期，通过初步改革竞技体育的组织管理体制、训练体制和竞赛体制等，进一步发展了竞技体育的“举国体制”。

（三）我国竞技体育管理体制的变革与完善时期

1994年至今，是我国竞技体育管理体制深化改革、不断发展完善并走向成熟的历史阶段。

1994年，国家体委发布了《全民健身计划纲要》和《奥运争光计划纲要（1994～2000年）》，重新定位了未来体育工作的发展目标，也为竞技体育管理体制改革指明了方向。同年，我国足球开始职业化改革；从此打破了只有专业队和业余训练的运动训练模式以及原有的资源配给方式和人事管理制度，职业联赛的开展同样打破了原有的竞赛体系。《奥运争光计划纲要（1994～2000年）》，从项目布局调整、结构优化、新型国家队建制等方面对训练体制进行了改革，还从全运会入手对竞赛体制进行了大幅度改革，并建立效益投资体系，保证资源的供给。

1997年、1998年是中国竞技体育管理体制深化改革的关键两年。1997 年，国家体委提出体育改革的目标——“六化”（生活化、社会化、科学化、法治化、产业化和普遍化），并针对“六化”的目标提出具体的“六个转变”，即个人的体育费用从福利型向消费型转变，社会的体育活动从体委一家办向社会大家办转变，政府的体育工作从“人治”型向“法治”型转变，社会体育组织从行政型向社会型转变，国家的体育设施从事业型向经营型转变，体育公务员从经验型向科学型转变。随职业化改革的推进，国家体委在项目训练上进行了项目协会的实体化改革，建立了 20 个运动项目管理中心，逐步把运动训练的管理职能剥离出去。1998 年，原国家体委被撤销，成立国家体育总局，它标志着体育体制开始从集权型体制向结合型体制转变，举国体制在变革中不断完善。

进入 21 世纪以后，举国体制在奥运争光中所取得的突出成就为世人所公认。因此，举国体制也经常出现在一些重大文件以及领导人的讲话中，这些都充分肯定了举国体制的地位与作用。在《2001～2010 年体育改革与发展纲要》《关于进一步加强和改进新时期体育工作的意见》《奥运争光计划纲要（2001～2010 年）》《体育事业“十一五”规划》等一系列重大改革文件都明确表示了我国竞技体育的发展依然要继续“坚持和完善举国体制”。

20 世纪 90 年代后期以后，我国竞技体育管理体制主要进行了以下几个方面的改革：

1. 进行了运动训练体制的改革

（1）单项协会实体化，具有中国特色的协会制逐步形成

单项协会实体化使单项协会成为具有法人资格的社会团体，在责权利相统一的前提下全面负责本项目的发展和业务管理。实体化的单项协会既是中华全国体育总会的团体会员，又是国家体育总局的事业单位，作为半官方的体育组织，它是市场经济过渡时期体育管理由行政机构向社会组织过渡的产物。1997 年，我国有 41 个单项运动协会和 56 个运动项目转入实体化管理。建立了田

径、游泳、篮球、排球、足球、体操等 20 个运动项目管理中心，还设立了国家体育总局机关服务中心、国家奥林匹克体育中心、社会体育指导中心、体育文化发展中心、对外体育交流中心、人力资源开发中心、体育彩票管理中心等。中国特色的协会制是有核心、有层次、有依托的，能体现党和政府领导的体制，它能统筹项目发展，面对广大群众组建高水平运动队。

(2)建立了俱乐部式的训练组织

体育俱乐部是我国改革开放以后，体育进行社会化改革，鼓励社会各行业、各部门和个人参与办体育的产物，它是体育经济发展的一种必然结果。体育俱乐部的试点成功，使我国一些体育运动项目进入职业化或半职业化。目前，我国的体育俱乐部大致分为两类，即职业性体育俱乐部和健身性体育俱乐部。职业性俱乐部是由单项协会和企业共同管理的体育俱乐部，主要面向走市场化管理的竞技运动项目。这类体育俱乐部以高水平运动队为主。企业通过运动队宣传自己的品牌和产品，提高企业的知名度，从而在市场中取得较好的经济利益。与俱乐部制度改革相配套的运动员注册制度、转会制度也日益完善，俱乐部的运作逐步规范化、有序化。但目前职业运动队尚不能独立运作、自负盈亏。健身性体育俱乐部是面向大众的经营性俱乐部，基本上按市场法则运作，与社会上其他企业类似，以向参与者收取费用的方式提供健身服务。俱乐部运转所需经费主要来自参与者所缴纳的会费，以及企业赞助和体育、教育、文化部门的拨款或优惠政策。

(3)改革了国家队的组建方式和拨款制度

根据各类运动项目的不同特点，确立了集中型、分散型和结合型三种不同的国家队组建方式，调动了各方培养高水平竞技体育人才和参加国际体育竞赛的积极性。同时与之相配套，改革了原有的国家队选拔制度，规定参加国际比赛，特别是奥运会、亚运会的教练员、运动员均实行赛前选拔新制度。运动项目的拨款一改原有平均分配的方式，向优势项目、重点项目、高效益项目倾斜。

(4)在业余训练领域实行体教结合

把部分项目的初级训练放到传统体育项目开展较好的普通中、小学，鼓励专职教练员到学校兼职任教。同时，在部分项目的业余训练中以有偿训练、有偿输送、有偿转化方式，调动广大基层教练员的积极性，促进体育人才的合理流动。但目前业余训练呈现相对萎缩的趋势。

2. 进行了竞赛体制改革

竞赛体制改革是与训练体制改革和体育产业开发配套进行的，主要集中在四个方面：

(1)改革了竞赛管理办法，实行各类竞赛的分级管理

体育行政部门由过去统包统揽各类竞赛改为只负责全国综合性运动会的组织管理工作。而部门或行业性综合性运动会由主管部门负责，单项比赛由各运动协会负责，其他类的比赛则按照“谁举办、谁出钱，谁负责、谁受益”的原则，逐步开放。同时，有纪录的项目开始实行达标赛，其他项目通过选拔按名次参加全国最高水平比赛，允许达标的城市、院校和企业及行业参加，基本上做到了竞赛社会化。

(2)理顺了各类竞赛间的关系

根据“缩短战线，突出重点”的方针和“奥运战略”的需要，理顺全运、亚运和奥运之间的关系，压缩了全运会项目，改变了全运会的计分方式。

(3)改革了各类竞赛的参赛办法

全国综合性运动会实行以行政区划组队，吸收行业体协参加的新办法，全国单项比赛和群众性比赛实行俱乐部新赛制。同时部分项目搞了巡回赛、分站赛、大奖赛等。

(4)改革了竞赛承办制度

建立了竞赛招标制，实行了综合性运动会申办制和部分项目

实行收费参赛的办法。1999 年的 458 个项目的竞赛，于 1998 年 10 月 7～10 日在福州举行公开招标大会，除有各省、市、区、计划单列城市体委参加外，还有自愿报名参与招标的各基层体育部门和有关大企业、中介广告公司的代表。采取把各项赛事的承办权和广告权分离的办法，同时进行比赛承办权和广告权的招标。基层体育部门和社会承办比赛单位可以直接同省级体委联系招标，也可直接向国家体育总局所属的管理中心招标，最后由管理中心统一同省级体育部门商定。国家体育总局实行宏观调控，所有的招标项目将由总局审批后执行。国家体育总局对于覆盖面广、影响面大的竞赛进行适当控制，对于少数民族地区、边远地区的比赛以及冷门项目的比赛实行调控。

第二节　我国竞技体育教练员管理的演进

一、我国竞技体育教练员管理的阶段划分

（一）我国竞技体育教练员管理阶段划分的理论依据

1. 契约理论

契约理论是研究在特定交易环境下分析不同合同人之间的经济行为与结果的理论，往往需要通过假定条件在一定程度上简化交易属性，建立模型来分析并得出理论观点。契约理论主要包括委托代理理论、不完全契约理论以及交易成本理论三个理论分支。

随着国家经济体制的转型、人事制度的变革，竞聘上岗和岗位管理逐渐成为教练员管理的主要方式。这使得教练员的管理由原来的事业编制向企业编制转移，教练员与用人单位由原来长期稳定的隶属关系逐步走向协作契约关系，契约理论被引入体育领域。

这一理论的引入，对我国教练员管理阶段的划分具有较大意义。

2. 制度变迁理论

所谓“制度变迁”，是指新制度（或新制度结构）产生，并否定、扬弃或改变旧制度（或旧制度结构）的过程。制度变迁是一个动态的现实过程。在这个过程中，涉及谁发动制度变迁、为什么要进行制度变迁、如何进行制度变迁、制度变迁的效果如何等问题。因此，制度变迁的理论应该包括制度变迁的主体、制度变迁的动力、制度变迁的方式、制度变迁的效率评价等方面。

制度变迁理论产生于20世纪70年代前后，旨在解释经济增长的研究受到长期经济史研究的巨大推动，最终把制度因素纳入解释经济增长中来。1993年，诺贝尔经济学奖获得者、美国著名经济学家道格拉斯·C. 诺斯强调制度因素在经济发展中的重要作用，系统分析了制度变迁与经济增长之间的内在关系，创立了制度变迁理论。制度变迁理论引入中国后，对中国改革产生了重要指导与借鉴意义。[①] 而我国教练员的管理的演变也是一个制度变迁的过程，借用制度变迁理论对我国教练员管理的历史阶段划分具有十分重要的指导意义。

（二）我国竞技体育教练员管理阶段划分的现实依据

1. 竞技体育管理体制的变迁

中国竞技体育制度的变迁具有复杂性、长期性、渐进性和滞后性等特点。中国竞技体育管理体制在1952年就开始呈现，1965年初步形成了相对完善的竞技体育举国体制，为了凸显体育的政治功能，进一步强化了竞技体育的政府垄断体制。

在20世纪80年代到90年代中期，我国体育行政部门提出了“以革命化为灵魂，以社会化和科学化为两翼”的体育改革指导思

① 参见王振涛：《诺斯制度变迁理论及其对中国改革的启示》，《前沿》2007年第1期。

想。但由于体制改革的内在动力不足,改革目标不明确,只是对原有体制作了补充性的改变,如调整运动项目的布局,突出奥运会项目和单项金牌数较多的运动项目;加强竞争机制,推行教练聘任制、主教练负责制,实行目标管理,试行承包责任制,等等。

进入 20 世纪 90 年代后,体育改革全面铺开。1995 年,“国家推进体育管理体制改革,国家鼓励企业事业组织、社会团体和公民兴办和支持体育事业”被写进了《体育法》,标志着体育体制改革持续向深层次方向演进。随着社会主义市场经济体制的确立,原国家体委以足球为突破口,开始对体育进行大幅度改革,逐步成立了 20 多家被赋予“社会化”称号的运动项目管理中心。[①]

进入 21 世纪后,在“举国体制”的保驾护航下,我国在奥运会上取得了更加辉煌的成就,使中国竞技体育的“举国体制”——国家独立操办的、“垄断的”竞技体育体制得以保持和进一步发展。

2. 教练员管理制度的变迁

教练员管理制度包括教练员技术等级制度、教练员的人事管理制度、教练员的培养制度等。这些制度在我国随着体育体制的变革而不断发展变化。每一种变化都有明显的时代性和阶段性,所以说教练员管理制度的变迁也是我国教练员管理演变历史阶段划分的重要现实依据之一。比如,我国先后于 1958 年、1963 年、1979 年、1981 年和 1994 年颁布了 5 部教练员技术等级制度。[②]通过对原有技术等级制度的修改和借鉴国外体育强国的教练员技术等级制度,在各级体育局的授权和保障下,逐步统一和规范了各级教练员的任职条件,实现了教练员技术等级划分的制度化。

---

① 参见张新萍:《制度创新与制度变迁——对中国竞技体育体制改革的新制度经济学分析》,《体育学刊》2007 年第 1 期。

② 参见王家力、王健、盛克庆:《我国教练员技术等级制度的发展沿革》,《体育文化导刊》2011 年第 4 期。

教练员管理的核心是人事管理，教练员归口到哪个部门管理，关系到教练员的人事变更，诸如任用、利益分配等诸多方面。中华人民共和国成立后，我国教练员的管理基本归口到体育管理部门，起初归口到中华全国体育总会，后来归口到原国家体委和国家体育总局，然后又进行了分类管理和分层管理。这种变迁也是我国教练员管理演变阶段划分的又一现实依据。

（三）我国竞技体育教练员管理阶段划分的内容

依据我国竞技体育教练员管理历史演变阶段划分的理论与现实依据，把我国竞技体育教练员管理历史演变划分为三个阶段：一是中华人民共和国建立初期我国竞技体育教练员的管理，时间为1949～1956年，这一时期的教练员管理是粗放型的，缺少相关的制度，只是归口到相关部门管理；二是曲折发展时期的教练员管理，时间为1956～1994年，在这一时期教练员的管理从无到有，逐步形成了制度化、专业化和部门化管理；三是快速发展时期的教练员管理，时间为1994年至今，这段时期处于我国经济转型和政治体制改革时期，也是体育管理体制全面改革的时期，教练员的管理也由单一化向多元化方向发展，步入发展的快车道。

二、中华人民共和国成立初期我国竞技体育教练员的管理（1949～1956年）

（一）教练员管理的基本状况

20世纪50年代初，我国的体育事业才刚刚起步，1949年中华全国体育总会成立，负责管理国家体育事务；1952年中央人民政府体育运动委员会成立，逐步接管国家体育事务。1954年，国家体委公布了《准备劳动与卫国体育制度（简称“劳卫制”）的暂行条例和项目标准》;1956 年,国家体委公布了《中华人民共和国运动竞赛制度的暂行规定(草案)》和《各项目运动员等级标准》。随着各行业体育运动的广泛开展,为了迅速提高运动技术水平和成绩、推动我国体育事业的快速发展,此阶段非常重视教练员的体育基础知识、专项理论和技术、工作业绩等,在一定程度上促进了教练员队伍的充实和运动员技能的提高,为中华人民共和国建立初期竞技体育事业的发展做出了积极的贡献。①

(二)教练员的主要来源

我国竞技体育教练员的工作长期受苏联体制的影响,20 世纪 50 年代的教练员基本以从事竞技体育工作的教师和有专项特长的体育工作者为主体,人数较少,从业时间较短,有一些是海外回来的优秀运动员或教练员,另外还聘请了一些外国专家。

(三)教练员的人事管理

这一阶段教练员的归口管理分两个阶段:一是国家体委成立以前,教练员的管理由中华全国体育总会及其下属各项目协会管理,主要采用的是聘用制度;二是国家体委成立后,教练员归属国家管理,逐步演变为事业单位职工。

(四)教练员的特点

中华人民共和国成立初期竞技体育的发展主要是依靠运动员的先天素质,对教练员的要求并不太高。当时的教练员主要是从有比赛经验的老运动员中挑选出来的,他们大多数在运动会上获得过优良成绩,在运动能力和比赛经验方面,受到人们的尊敬和信

① 参见王家力、王健、盛克庆:《我国教练员技术等级制度的发展沿革》,《体育文化导刊》2011 年第 4 期。

赖。因此,教练员更多的是借助自身的运动训练经历和较高的竞技水平,以陪练的身份提高运动员的竞技能力。

三、曲折发展时期我国竞技体育教练员的管理(1956～1994年)

(一)教练员管理的基本状况

1956年以后,我国竞技体育建立了"举国体制",使我国竞技体育开始走向辉煌。作为主导竞技体育发展重要力量的教练员的管理也日渐规范,逐步走向规范化、专业化、制度化。对教练员的重视程度日益提高,主要表现在以下几个方面:一是对教练员的自身竞技水平更加重视,表现在教练员大多数是由退役的优秀运动员担任,他们大多在役期间取得过重大国际比赛和国内比赛的优异成绩,或毕业于高等体育院校,具有较丰富的运动训练经验和水平。二是不断地加强教练员知识和技术的培训。国家根据不同时期竞技体育发展的需要,对各级各类教练员进行短期、专业性或国际交流培训,不断提高教练员自身的从业能力和素质。三是不断地加大教练员队伍建设的力度,选拔医学、科研、管理等方面的人才组建复合型教练员队伍,并且根据不同项目发展的需要引进国外优秀教练员。四是不断地完善教练员管理的各项制度,如教练员技术等级制度、培训制度、评聘制度、奖励制度等,使教练员的管理日趋制度化。五是教练员的管理由个体管理向团队管理发展,尤其是国家队的管理,主要采用集体化管理模式。

(二)教练员的主要来源

20世纪60年代以后,中华人民共和国建立初期的优秀运动员退役后绝大部分都担任了教练员工作,他们有着丰富的训练实践经验，为我国竞技体育的发展做出了突出贡献。但我国教练员大都专项能力强，理论水平普遍偏低。国家开始有意识地对体育教练员进行培养，中苏友好时期教练员主要聘请苏联的专家进行培训，但没有形成自己的培养体系。[①]"文化大革命"后，随着我国的改革开放和经济的发展以及竞技体育水平的不断提高，教练员的培养问题也越来越受到普遍的关注，使大量的高校相关专业的毕业生加入到教练员行列。

（三）教练员的人事管理

举国体制后，我国教练员开始进行分类管理，依据国家颁布的教练员技术等级制度，国家级（高级教练员）由国家体委归口管理，项目协会备案，项目国家队或训练局具体管理；一级以下由地方体育行政部门管理，人事关系等同于国家工作人员。

（四）教练员的管理制度

竞技体育教练员的管理制度主要包括教练员的技术等级制度、培训制度、考核制度、定期进修制度和管理使用制度。

国家体委于 1958 年 6 月 21 日公布了我国第一部教练员技术等级标准——《中华人民共和国教练员等级制度条例（草案）》，该条例对教练员的等级和条件、授予等级称号的权限和程序、晋级、权利和义务、奖励与处分等作了初步的规定。[②] 1963 年 5 月 10 日，国家体委公布施行《中华人民共和国教练员等级制度》。该制度是在《中华人民共和国教练员等级制度条例（草案）》的基础上，结合

① 参见柯教文：《全国教练员岗位培训现状与对策研究》，《中国体育教练员》2001 年第 1 期。

② 参见王家力、王健、盛克庆：《我国教练员技术等级制度的发展沿革》，《体育文化导刊》2011 年第 4 期。

我国当时体育事业发展情况制定的。制度中对教练员的等级划分、任职条件等作了比较详细的规定。另外，该制度还对在政治上、业务上进步特别快，在教学训练中成绩特别显著，或有重大发明创造，或对国家有重大贡献的教练员、运动员，作出提前晋级或越级提升的规定。国家体委于 1979 年 6 月 12 日公布了《中华人民共和国教练员技术等级制度(草案)》，该草案沿用了 1963 年教练员等级制度对教练员等级的基本划分类型，只是在任职条件方面提出了更高的要求。1981 年 10 月 15 日，国家体委、国家人事局公布了《体育教练员技术职称暂行规定》，规定中对我国教练员的等级划分、任职条件、晋升等方面重新进行了调整。1986 年，国家体委颁布《教练员专业技术职务试行条例》及《关于实行教练员专业技术职务试行条例的实施意见》，经中央职称改革工作领导小组审核后实施。把教练员的专业技术职务分为助理教练、教练、高级教练。助理教练为初级职务，教练为中级职务，高级教练为高级职务，并对各级教练员的职责、任职条件、聘任以及任期作出明确的规定。

从 1987 年起，国家开始对教练员施行岗位培训制度。1987～1990 年，主要进行了田径试点，开始探索教练员岗位培训的路径、方法及制定相应规划；1991～1995 年，第一届全国教练员岗位培训工作会议之后，开始进入建立教练员培训制度框架，逐步推广的阶段(以 18 个奥运会重点项目为重点)。

四、快速发展时期我国竞技体育教练员的管理(1994 年至今)

(一)教练员管理的基本状况

改革开放以来，竞技体育在计划经济体制向市场经济体制转轨的过程中，引入竞争机制、风险机制、激励机制等，对教练员管理的科学化程度大幅增强。教练员的管理制度也进行了重大改革，教练员技术等级制度、聘任制度、职业俱乐部制度、教练员培训进修制度等制度相继出台，形成了一套相对完善的管理制度体系。高水平运动队管理模式的多样化选择，充分调动和发挥了教练员从业的积极性、主动性和创造性，从而促进了竞技体育水平的提高。我国竞技体育教练员管理体系逐渐发展成适合我国国情的管理体系。

（二）教练员的管理制度

这一时期，教练员的管理制度日趋科学化并逐步形成体系。为了进一步规范对教练员的等级划分与专业技术职务，国家体委在 1994 年颁布了《体育教练员职务等级标准》和《关于〈体育教练员职务等级标准〉若干问题的说明》对教练员的等级划分和专业技术职务划分进行整合，将教练员划分为五级三等一体，并对不同等级的教练员岗位职责、任职条件、审定程序和聘用办法都作了具体规定。其中对不同等级教练员的任职条件有明确的具体要求。这些任职条件主要包括学历、从事教练的经历、科研论文、外语水平和从事教练员工作以来的主要业绩，更突出了教练员综合素质和执教能力。

20 世纪 90 年代中期，教练员的组织结构形式发生了根本性的变化，聘任制是教练员管理最重要的措施，并逐步建立了一些有助于竞技体育发展的教练员管理制度。为充分调动国家与地方教练员的积极性和创造性，国家体育总局和各省市体委、各行业体协、企业俱乐部都采取了发挥教练员功能的多种措施。1995～1999 年，国家逐步加大对教练员培训的力度，并逐步完善教练员培训制度，开始实施全面培训。为把备战 2008 年奥运会工作落到实处，提高教练员的整体素质，在国家体育总局领导的高度重视、各运动项目管理中心的积极配合下，第一期国家队教练员培训班于 2005 年 8 月 23～26 日在香河基地举办，其中 36 个项目的 89 名国家队教练员参加了培训。①

2004 年，国家体育总局出台了《国家队科技人员管理暂行办法》《国家队医务人员管理暂行办法》两项规定，决定在重点项目和体能类项目的国家队中设立科技人员岗位。国家队科技人员是全职在国家队进行科研攻关与提供科技服务的专业技术人员，是国家队教练组的正式成员。这是我国第一次在制度层面明确科技人员在国家队的地位和作用，反映出管理层对于进一步提高运动训练科学化水平，切实加强运动训练中的科研攻关与科技服务工作的态度和决心。

2007 年，国家体育总局在北京奥运备战工作已进入攻坚阶段的时候，制定并出台了《关于在部分国家队加强科研团队建设的通知》《国家队科研团队建设与管理暂行办法》，正式地将国家队中的科研团队推上前台。加强科研团队建设，旨在解决国家队科技保障需求不断增大、科技需求的多样性和下队科研人员专业性之间的矛盾（如科技人员学科单一、力量分散、解决问题能力不强等），为充分整合体育科技资源，更好地提供多学科、综合性科技保障提供组织保障。② 随着人事管理的改革，教练员管理制度由原来的分配和任用制度逐步转变为资格认定和聘用制度。

（三）教练员的管理机制

主教练负责制，是我国竞技体育人事制度的一项重大改革。为使总教练或主教练充分发挥“领军人物”的作用，让德才兼备的优秀人才走上领军岗位，配套出台了国家队组建方式等相关制度。

---

① 参见王君侠、谭燕秋：《竞技体育教练体系》，《西安体育学院学报》2000 年第 3 期。

② 参见赵阳、石岩：《我国国家队科技服务主体的演变》，《体育与科学》2011 年第 5 期。

2001 年后，国家队基本上采用了队委会制度，各项目运动队可以分别依据自身的实际，选择队委会领导下的主教练负责制、总教练负责制、领队负责制等。

国家体育总局依据《中华人民共和国体育法》，制定了《国家体育奖励条例》，并在此基础上建立并完善了《运动员、教练员奖励实施办法》《全国群众体育先进奖、进步奖评选办法》《省市区体育奖励管理办法》《社会力量实施体育奖励管理办法》，形成了较完善的激励机制等。

第四章　国外竞技体育教练员管理状况

由于政治、经济、文化背景的不同，世界各国的体育管理模式也表现出较大差异。目前国际上普遍将竞技体育管理体制分为三类：社会管理型体制、结合型体制和政府管理型体制。综观当今世界各国对竞技体育采取的管理形式，美国属于典型的社会管理型国家，中国属于典型的政府管理型国家，英国、德国、法国、韩国和加拿大等国属于结合型国家。

本书选取了美国、英国、俄罗斯、日本等几个比较典型的国家，分析其竞技体育教练员管理的特征和模式，以期为我国竞技体育教练员的管理提供借鉴。上述国家不仅代表了不同类型的管理体制，还是不同政治、经济、文化背景的典型代表国家。首先，选取了美国和英国，它们是欧美国家的典型代表。美国是世界竞技体育强国，也是竞技体育职业化和市场化开展得最好的国家。英国是现代体育开展较早也较好的欧美国家之一，它们拥有市场经济体制下发展竞技体育的丰富经验。其次，选取了曾经跟中国社会制度相似但已完成市场经济转型的俄罗斯，其竞技体育走过的轨迹，对中国具有较大的借鉴价值。此外，还选取了同为亚洲国家的日本，日本在亚洲竞技体育中表现突出，且在管理理念和管理文化方面与我们一脉相承，其发展模式也值得我们借鉴。

上述竞技体育发展比较好的几个国家，虽然都是在市场经济背景下开展竞技体育的，但在具体做法上，却是各具特色。当然，中国有自己的特殊国情，无法也没必要照搬哪个国家的模式。

第一节　美国竞技体育教练员管理

美国是当今世界的竞技体育强国之一，在其参加过的历届夏季奥运会上，它的排名总是名列前茅。而且，美国直接影响了德国、英国、法国、意大利、韩国等国的结合型（偏重社会管理）模式[①]，具有典型意义。因此，美国的竞技体育管理体制尤其是教练员管理的经验和做法，对我国教练员管理具有较大的借鉴价值。

一、美国竞技体育教练员的管理组织

美国属于联邦制国家，政府没有专门的体育主管部门，也没有单一、垂直的权威机构来负责全面的体育协调工作。美国竞技体育的管理主要由各类社会组织完成，是典型的社会管理模式，政府对竞技体育的管理非常有限。由于政府没有设立专门负责高水平竞技体育的部门，竞技体育方面的事务主要由美国奥委会、美国大学体育协会和各职业体育联盟负责。[②] 这三个组织是美国竞技体育的三大重要组织。美国已形成了以奥委会为主导层，以各单项体育联合会为执行层，以美国大学生体育联合会为操作层的三位

---

① 参见石磊：《市场经济条件下的各国体育政策》，《国家体育总局信息研究所成果汇编 1999 年》。

② 参见王宏江、刘青：《美国、澳大利亚和日本竞技体育管理模式研究》，《成都体育学院学报》2007 年第 3 期。

一体的竞技体育组织的体系。①

全美奥委会、高校系统、职业体育联盟在各自的范围内开展竞技体育(职业的和业余的)的组织管理工作,社会组织扮演着重要的角色,社会的广泛参与是竞技体育蓬勃发展的动力源泉。同时,由于地方政府拥有较大的自主权,对竞技体育的发展也起着重要作用,竞技体育管理组织相对比较广泛,分权化、社会化现象明显。

社会化管理机制在美国已发展得非常成熟,市场对体育的调节作用得到充分的展现和发挥,并深入竞技体育的组织管理、经费投入、日常运转等各方面。全美奥委会下设 8 个职能部门和 4 个训练基地。虽然被确定为美国竞技体育管理的唯一权力机构,但具体管理工作交由单项体育联合会(NBG)来完成。

美国的四大运动——橄榄球、棒球、篮球和曲棍球,分别由全国橄榄球大联盟、职业棒球大联盟、全国篮球协会以及全国曲棍球联合会负责各自项目的运营和管理。这四个组织旗下的联赛在北美通常称作四大职业运动联赛。其中,美式橄榄球大联盟(National Football League,NFL)创立于 1920 年,其前身是“全美美式足球联会”(All-America Football Conference),后于 1970 年与“美国美式橄榄球联会”(American Football League)合并。美国职业棒球大联盟(Major League Baseball,MLB)也创立于 1920 年,前期由“国家联盟”(1876 年成立)与“美国联盟”(1901 年成立)于 1903 年开始合作,1920 年方正式成立。美国国家篮球协会(National Basketball Association,NBA)创立于 1946 年,在 1976 年合并为“美国篮球协会”(American Basketball Association,ABA)。美国冰上曲棍球联盟(National Hockey League,NHL)创立于 1917 年,于 1979 年合并为“世界冰球协会”(World

① 参见方贤超:《美国三大竞技体育组织研究》,上海体育学院硕士学位论文,2009 年。

Hockey Association)。除了这四大体育联盟，各项目还有自己的单项体育协会。各单项体育协会中设有教练员委员会，对本项目教练员进行管理。美国大学生体育联合会是美国大学竞技体育的管理机构，美国大学开展的校际体育是美国高等教育中不可缺少的一个方面。这一机构既不属于政府机构，又有别于国家奥委会和国际单项体育协会，属于非营利的社会团体。美国大学生体育联合会对受雇于高校的教练员实施部分管理。

二、美国竞技体育教练员的管理机制

美国的竞技体育是典型的职业运动，不仅俱乐部开展职业竞技体育，大学也是美国竞技体育的中坚力量。高校系统虽然被认为是非职业体育，但已有半职业的特征，美国的大学是培养竞技体育人才的重要渠道。美国竞技体育已形成较为成熟的市场化和商业化的运营模式。

教练员的资格认证工作主要由单项体育协会承担。教练员从各单项体育协会获取执教资格后，受雇于俱乐部、高校等组织，按照合约规定的内容服务，并享受合约规定的权益。在美国，教练员和运动员一样，通过为所加盟组织效力而实现个人价值。教练员的资格认证、人力资本的价值、归属、培养等管理机制相对成熟。

教练员职业资格管理通常是由单项体育协会负责。以冰上曲棍球项目为例，一般各地的冰球协会都会有一个教练委员会，专门负责教练的资格认证、注册管理、培训和定级等。教练员的资格考试分为理论考试和实践考试两部分，理论考试由教练员自己在网上进行，实践考试由协会的教练委员会定期组织。通常一个地区不止一个协会，有些地区是允许跨协会执教，但必须在两个协会都注册过，而有些地区是不允许的，具有排他性，教练员注册到哪个协会，就只能在这个协会注册下的俱乐部执教。

目前,尚未形成全国统一的教练员证书授予制度和等级制度,各项目单项体育协会所制定的标准也差异很大。但是据美国奥委会负责教练员教育的机构——美国奥委会训练与体育科学部官员介绍,美国正在制定全国统一的教练员教育最低标准供各项目参考。美国教练员教育经费主要依靠各项目协会自行解决。每个奥运项目协会每年用于教练员教育的经费平均约为 7 万美元,某些开展广泛的项目,资金投入也相对较多,比如田径、冰球和网球三个协会每年教练员的教育支出超过 15 万美元。①

第二节 英国竞技体育教练员管理

英国的国土面积大约 24 万平方公里,总人口在 6000 万左右,其规模只相当于我国的两个省,但却在国际竞技体育领域取得了辉煌的成绩。在 2008 年北京奥运会上,英国以金牌 19 枚、奖牌 47 枚位列第四;在 2012 年伦敦奥运会上,英国以金牌总数 29 枚位列第三,奖牌总数 65 枚位列第四。

英国竞技体育管理属于综合型。综合型体育管理体制是由政府和社会体育组织共同管理体育的管理体制。当前大多数国家采用这种管理体制。政府设有专门的体育管理机构或指派有关的部门对体育实行宏观管理,即制定方针政策,发挥协调、监督的职能。社会体育组织在政府的宏观指导下,负责体育的业务管理。

一、英国竞技体育教练员的管理组织

在英国,管理体育事务的政府机构是文化、媒介与体育部的体

① 参见段保同:《主要发达国家教练员教育体制研究》,北京体育大学学位学位论文,2008 年。

育与娱乐处，同时，还有其他一些政府机构也承担着各自管理领域内的、与体育发展有关的管理职能，因此，英国政府体育管理机构比较多，对体育的管理职能也比较分散。英国与体育有关的政府机构虽然分管体育事务，但它们并不直接管理，而是通过政府拨款和各种合作计划来实现任务、目标，具体组织工作完全由各种体育社会组织去做。

英国竞技体育的开展主要由英国体育理事会和英国奥委会负责。其中，英国体育理事会是英国最大的非政府体育组织，其主要目标是发展高水平竞技体育。政府按奥运周期把对竞技体育的拨款交付英国体育理事会。英国体育理事会下设英格兰体育理事会、苏格兰体育理事会、爱尔兰体育理事会和威尔士体育理事会，负责 35 个单项运动协会。[①] 英国奥委会是完全独立于政府的社会体育组织，政府不予拨款，所需经费完全依靠商业赞助、市场运作和公共捐助来筹集。

英国体育教练员的管理由英国体育教练员协会和各单项体育理事机构（即单项体育协会）共同完成。体育教练员职业资格标准的制定和考核由各单项体育理事机构负责，一般由体育教练员协会负责教练员的管理和培训。教练员协会下设职业发展部、特殊项目部、地方教练员发展部和管理服务部四个部门，另外还有一个辅助教练员管理和培训的公司。

二、英国竞技体育教练员的管理机制

全英体育教练员资格认证（UK Coaching Certificate，UKCC）是英国教练员理事会与其他相关机构联合开发的资格认证制度，

① 参见丁涛等：《对英国体育发展状况的考察与调研》，《北京体育大学学报》2005年第 11 期。

使英国体育教练员管理实现了统一协作的教练员资格认证体制。通过制定教练员教育标准，UKCC 使各项目、各级别教练员的能力衡量更为简单，对教练员的职业化、标准化做出了巨大贡献。

英国、德国、澳大利亚的教练员资格制度很相似。教练员有明确的“准入”标准和等级制度，要从事教练员工作，需向所属单项协会提出申请，经过系统的培训，且考试合格后方能获得职业资格。英国的体育行业职业标准每隔 3～5 年都要进行重新修订。①

英国的教练员分为 A、B、C、D 四个等级。教练员来源有两类：一类为运动员转型，另一类为体育院校的毕业生。从运动员转型为教练员必须从 D 级教练员（最基层）做起，要先参加州体育联合会的培训、考试，获得教练员证书方能执教。教练员从低级到高级的晋升需要逐级培训、逐级考核。英国的教练员每 3 年进行一次考核，以重新认定执教资格，以此促进教练员不断更新知识。只有达到 A 级标准的教练员才能担任职业教练员。②

为促使教练员更新知识体系、提高执教水平，英国体育理事会在世界级体育教练员和训练师领域做了投资。截至 2008 年，英国政府已经投资 6000 万英镑用以支持英国体育教练员的培养。英国体育理事会和英格兰体育理事会联合英国教练员协会通过各个项目的国家体育理事机构推广英联邦教练员证书计划，通过国家理事机构重点投资培养一线的教练员。

英国的运动员在政府提供的优秀运动员奖学金和大学提供的高水平运动员奖学金的支持下，自费进行训练。而教练员由俱乐部和高校公开招聘，根据训练效果和竞技成绩发放薪酬。通常在

---

① 参见戴俭慧等：《中英两国体育行业国家职业资格证书制度的比较研究》，国家体育总局官网，2009 年 5 月 5 日。

② 参见潘志琛等：《对英、法、德、澳四国竞技体育管理体制的考察与调研》，《中国体育科技》2004 年第 6 期。

训练方面，以教练员为主导，而不是以行政管理为主导，从而减少了长官的主观意志和教练员的被动。

第三节　俄罗斯竞技体育教练员管理

苏联曾是世界公认的竞技体育超级大国。1952～1996 年，苏联和独联体代表团先后参加了 12 届奥运会，获得了 9 届奥运会金牌总数第 1 名。其后，俄罗斯单独组团参加了 1996～2012 年的 5 届奥运会，两次获得金牌总数第 2 名，两次获得金牌总数第 3 名。在俄罗斯社会政治、经济转型的关键时期，竞技体育依然保持较高的水平，这说明俄罗斯的体育管理体制改革跟社会改革保持了步调一致并且比较成功。

中华人民共和国成立初期，我国竞技体育管理体制的构建深受"苏联模式"的影响。我国计划经济时期所形成的举国体制与前苏联的竞技体育管理模式十分相似。作为从社会主义国家转型为资本主义国家的典型代表，俄罗斯体育管理体制的改革对我国由计划经济向市场经济转型过程中竞技体育举国体制的走向可提供更有价值的借鉴。

一、俄罗斯竞技体育教练员的管理组织

俄罗斯新的体育管理体制具有政府与社会体育组织共同管理的多元化的特征。在政治、经济转型后，俄罗斯体育管理也采用了休克式变革，将高度集中的计划经济体制下的体育管理模式转变为市场经济体制下的管理模式，给予社会团体组织更大的权力，并依据市场经济规律，充分发挥和调动社会组织的积极性和主动性。

俄罗斯竞技体育管理组织分为两大类：政府职能机构和社会团体。政府管理机构主要包括总统体育问题协调委员会、俄罗斯

体育运动协会代理部等;社会团体机构主要是指社会体育联合会、俄罗斯国家奥委会、国家运动基金会、各单项体育联合会、各体育联盟和协会等。现在俄罗斯采取的是西方三权分立的政治体制,政府体制形成了部、署、局三级管理模式的局面。俄罗斯的竞技体育管理体制,在组织形式上自然也不能摆脱这种体制的约束。所以俄罗斯联邦政府和各州、区、市的竞技体育组织在管理上基本都采取这种部、署、局的三级管理模式。① 在俄罗斯国家奥委会中设有高级教练员委员会,在州(区、市)奥委会中设有基层教练员委员会。体育教练员联盟是类似独立工会的组织,主要负责维护体育工作者的利益,争取足额及时发放工资、退休金和社会保障。

二、俄罗斯竞技体育教练员的管理机制

俄罗斯教练员的管理机制依然深受前苏联举国体制的影响,也类似于我国。运动员、教练员由政府和训练机构支付工资,签署合同,延续了前苏联的管理机制。俄罗斯政府决定从 2011 年开始改变现有的国家队工资体制,由基本工资乘以系数,具体系数视情况而定。运动员、国家队主教练、教练和专家也采用这个标准。为了确定具体系数,俄各单项体育协会需要对国家队每一名运动员、教练员、专家的工作进行专门评定。近年来,针对教练员流失现象,俄罗斯注重加强教练员的保障措施和激励措施,以留住人才。2006 年,俄罗斯体育运动与旅游署制定了《俄罗斯联邦 2006～2015 体育运动发展计划纲要》。该专项计划有 3 个优先方向:发

① 参见肖霞、肖水平等:《苏联解体后俄罗斯竞技体育管理体制的发展研究》,《体育与科学》2006 年第 1 期。

展基础设施、支持教练事业和宣传健康的生活方式。[①] 该计划旨在建立教练员的长期培训体系,以不断提高教练员质量。目前俄罗斯培养体育教练的学院已达 13 所。[②]

第四节 日本竞技体育教练员管理

在竞技体育辉煌时期,日本曾在 1964 年的东京奥运会和 1968 年的墨西哥奥运会上均排名第三,但随后陷入低迷。进入 20 世纪中后期,采用政府主导型经济模式的日本建立了与其相适应的政府体育管理模式,在近两届奥运会上其排名不断提升。[③] 在政府积极介入下,日本在 2008 年北京奥运会金牌榜上排名第八,在 2012 年伦敦奥运会上获得金牌 7 枚、银牌 14 枚、铜牌 17 枚,成为日本历史上获得奥运奖牌最多的一次。虽然日本也走市场经济道路,但日本的竞技体育管理模式却与美国大不相同。

一、日本竞技体育教练员的管理组织

日本管理体育事业的最高政府机构是文部省体育局,下设都道府县和市区町村教委体育保健科。文部省体育局主要负责制定国家层面的有关体育的法令、政策,其下设大众体育科、竞技体育科和体育科。而日本大众体育事务主要是通过日本体育协会得以贯彻、实施的。日本体育协会是日本最重要、最有影响力的体育组织,是与文部省体育局联系最为密切的组织,受政府资助,与日本

① 参见李琳、陈薇等:《俄罗斯 2020 年前体育发展战略研究》,《上海体育学院学报》2012 年第 1 期。

② 参见臧文茜、罗敏:《俄罗斯体育如何重新崛起?》,2008 年 8 月 14 日《第一财经日报》。

③ 参见崔颖波:《日本战后体育方针的演变》,《体育文化导刊》2004 年第 5 期。

奥委会、各单项体育协会为平行机构，均属独立财团法人。日本的体育社团也是按照行政管理体制设置的，通过这样一种自上而下的管理机制推动日本大众体育的发展。

日本这种垂直的、自上至下的竞技体育管理机构与我国的竞技体育管理机构很相似。日本体育局处于领导地位，对体育的发展进行监督以及在不同的体育组织间起信息沟通和联络作用。[①]事务性工作则交给体育社团，由日本体育协会和日本奥委会承担。这一点又与我国相差较大。

二、日本竞技体育教练员的管理机制

教练员在日本被称为“体育指导者”，主要由日本体育协会及加盟中央竞技团体(项目协会)负责其培训工作。1965 年，日本开始了对体育指导者的培养。1977 年，日本体协负责制定了公认体育指导者资格认定制度，并开始举办培训班。1988 年，日本中央政府出台了法定的公认指导者认证制度——《日本体育协会公认体育教练员制度》，此制度的出台，大大提高了体育指导者的被认可程度。日本体育协会从 2000 年开始对原有的指导者制度进行反复修正，从 2005 年开始，新的指导者制度开始实行。[②] 新制度将竞技类体育指导者资格分为六类。如今日本已经形成了一套较为完备的体育指导者资格认证制度。在体育指导者获取执教资格后，由日本各级体育协会和教委负责选拔和雇佣，并接受各级体育协会和教委管理。

---

① 参见刘青:《政府体育事业职能界定》，电子科技大学出版社 2004 年版，第 55～56 页。

② 参见国家体育总局科教司赴日考察团:《日本体育教练员培训、trainer 培训及体育科研》，《中国体育教练员》2007 年第 1 期。

第五节 小 结

国外教练员管理的职业化和规范化程度较高，职业认证制度相对健全、重视后续教育并提供有力保障，管理体系较为成熟完善。通常，教练员需要先拥有职业资格，之后，通过竞聘获得工作。国外教练员职业资格制度主要由考试制度、注册制度、教育培训制度三项基本制度组成。教练员执教资格的获得通常由个人向单项体育协会和教练员管理机构提出申请，接受培训和考核，然后获得职业资格证书。高一级职业资格的获取同样也需要通过个人申请和组织审核。考试是取得教练员职业资格的前提条件，注册、培训是教练员管理的基本手段，尤其是定期培训可确保教练员知识的更新。在有些国家，教练员职业资格和注册管理是全国通用的，而有些国家是有区域限制的。教练员职业资格认证制度在国外已有较长的历史。例如：法国早在 1948 年就开始通过国家考试聘用职业教练员，但当时仅限于个别项目。1963 年，范围扩大到所有的运动项目。1972 年，法国制定了统一的教练员考试制度，并于 1974 年正式公布实施。[①] 各单项体育协会在教练员职业认证方面发挥着重要作用。

对于获得执教资格的教练员，很多西方国家采用竞聘制，即面向社会广泛招聘，遴选最适宜的优秀人才执教。招聘严格按照法律程序进行，比较公开、公正。对于成功入选的教练员采用契约化管理，在聘用合同中明确教练员的任务、目标、报酬、福利等。上述管理方式，按照市场经济规律进行人才资源的配置，有利于教练员的自由流动和自身价值的最大限度地实现，从而在竞技体育领域

---

① 参见史康成：《国外教练员制度的发展趋势、结构及特点——兼谈我国教练员培训制度的改革与完善》，《北京体育学院学报》1984 年第 2 期。

实现教练员的合理化竞争和配置，有助于竞技体育水平的快速提升。

尽管民间体育组织是竞技体育教练员的管理者，但是这些组织必须在法律监管之下开展工作，自治是相对的。总体而言，发达国家的竞技体育教练员管理是一种法治框架下的社会化管理。

第五章　我国竞技体育教练员管理现状与案例分析

本章分别从宏观和微观两个层面对我国竞技体育教练员的现状进行剖析。首先从宏观上，整体审视我国竞技体育教练员资源现状，管理的组织、制度和运行机制现状；之后从教练员管理中的典型案例入手，以微观视角对教练员管理现状进行深度剖析；最后对当前我国竞技体育教练员的管理进行总结。

第一节　我国竞技体育教练员管理现状分析

一、我国竞技体育教练员的资源现状

在国家实施人才强国战略的大背景下，体育领域也强调“体育人才资源是推动我国体育事业科学发展的第一资源”[①]。为贯彻落实《全国体育人才发展规划(2010～2020年)》的精神，推动体育

---

① 《全国体育人才发展规划(2010～2020年)》，国家体育总局官网，2011年3月11日。

人才队伍建设工作的深入开展,国家体育总局人事司对全国省属体育系统开展了体育人才队伍建设的专题调研。本书作者参加了此次调研,基于调研数据从整体上对我国体育人才资源的规模、层次、结构、分布等现状进行了梳理,进而立足整个体育系统人才资源现状去审视我国竞技体育教练员的现状,以深入剖析我国竞技体育教练员管理中存在的问题。

本书从年龄、性别、学历、职称、区域分布等方面,对当前我国竞技体育教练员资源现状进行了数据搜集与分析,并与2005年国家体育总局开展的全国体育人才调研的数据进行了比对,以深入了解我国竞技体育教练员资源的动态发展变化。通过把脉当前竞技体育教练员资源现状,为教练员管理提供数据参照并奠定研究基础。

(一)我国竞技体育教练员的数量结构

截至2010年底,我国省级以上体育部门专业技术人才①共有13969人。由图5-1可以看出,教练员人数所占比重最大,达44%,在当前各类竞技体育人才中占有重要地位。

截至2010年12月31日,我国省级以上体育系统(含省级)教练员人数总计6200人,其中体育总局系统188人,东部地区2858人,中部地区1665人,西部地区1489人。而2005年竞技体育教练员总人数为6351人,与2005年相比,体育教练员队伍减少了151人。

① 我国体育专业技术人才包括教练员、科研人员、工程人员、会计人员、教师、经纪人员和卫生人员等。

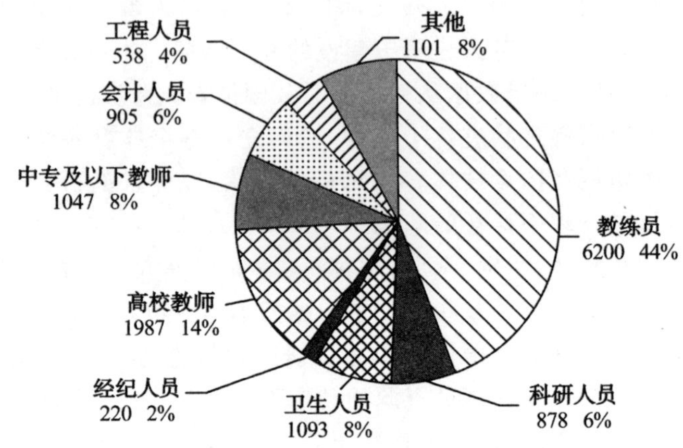

图 5-1 我国体育专业技术人才构成示意图

由图 5-2 可以看出，除东部地区教练员出现少量增长外，中央、中部和西部地区教练员均呈现小幅减少。

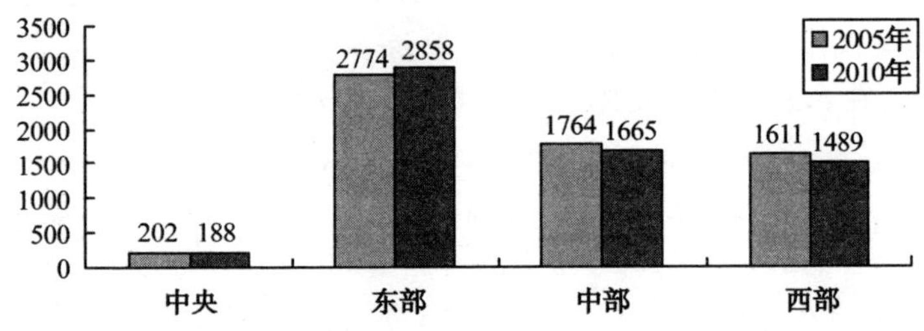

图 5-2 竞技体育教练员数量与分布示意图

其次，在体育教练员数量方面，东部显著高于中部和西部，在教练员数量排名前十的省份中（见图 5-3），东部省份共 7 个，占绝大部分，中部省份有 2 个，西部只有 1 个。

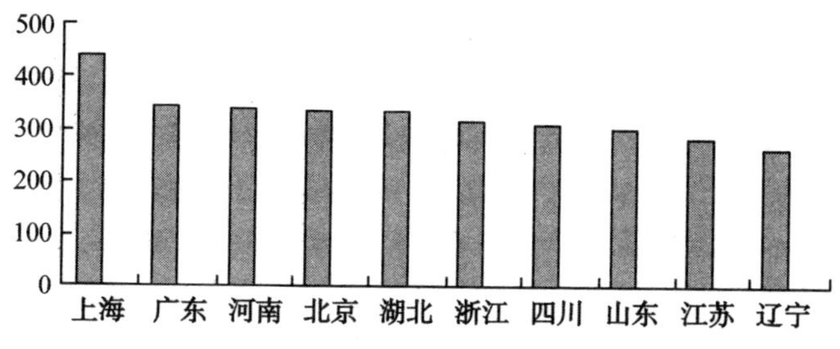

图 5-3 各省竞技体育教练员数量排名示意图

此外,不同类型项目教练员资源的丰厚程度也有较大差异。奥运项目、优势项目、传统项目教练员资源相对丰富,比如体操、乒乓球和射击等传统优势项目,具备教练员资格人数、在岗人数均较多;田径和游泳项目,不仅具备教练员资格的人数较多,而且在岗人数也分别达到具备资格人数的 89.2%和 88.5%。[①] 在所有项目之中,我国教练员在国家队与省市队的分布,除田径这一特殊项目之外,保持比例最高的就是乒乓球。如果国家队有一个教练员的话,那么省市队伍中就会有 18 个。其他项目都达不到这个比例。[②] 优势项目之所以能够在竞技舞台上长期保持优势,与自身雄厚的教练员基础是有着密切联系的。再者,在一些较受欢迎和较普及的项目上,如足球、篮球、排球和羽毛球等项目上,具备教练员资格人数以及在聘人数也相对较多。而新兴体育项目、非奥运项目、非优势项目,尤其是普及度不高的项目,具备教练员资格的人数明显较少,如沙滩排球、跳台滑雪、自由式滑雪和现代五项、冬季两项等。这暴露出我国竞技体育人才资源的培养与配置的不均

---

① 参见李智、樊庆敏、刘大庆:《我国教练员职业资格制度研究》,国家体育总局官网,2007 年 2 月 7 日。

② 参见肖天、梁晓龙等:《我国竞技高层次教练人才培养战略的研究》,国家体育总局官网,2006 年 11 月 13 日。

衡，这种不均衡，导致人力资源供给与竞技体育可持续发展的需求之间的矛盾，与竞技体育项目发展的不均衡是直接相关的。

(二)我国竞技体育教练员的年龄结构

2005 年，我国省级以上体育系统(含省级)45 岁以下的竞技体育教练员共 4115 人，占教练员总量的 64.79%，而本次统计显示，截至 2010 年底，45 岁以下教练员总计 3686 人，占总量的 59.45%，可见，教练员队伍中 45 岁以下人员在数量及所占比例两个方面均有所减少，教练员队伍略呈老龄化趋势。

从图 5-4 可以看出，东、中、西部教练员队伍中，35 岁以下人员占本区域总人数的比例均是最高的，56 岁及以上人员所占比例均是最低的，后备力量充分，人才梯队建设比较合理。[①] 中央即总局系统青年教练员群体所占比重较小，即以 46～50 岁这一年龄段为主，教练员队伍中 45 岁以下人员所占比例明显低于东、中、西部地区，老龄化问题较为明显。虽然这与举国体制格局下，集中各地区资深、优秀教练员在总局系统为大型赛事备战服务有关，但部分项目明显呈现出高层次教练员人才的储备不足，教练员队伍老化问题依然值得重视。比如射击项目的教练员平均年龄在 50 岁以上，面临后继乏人，尚未形成优势项目教练员梯队建设的合理路径，以使人才梯队保持连贯性，并使优势项目教练员的宝贵经验实现良好传承。

① 按照 2002 年国务院发展研究中心发展战略和区域经济研究部使用的地区分类方法，将 31 个省区市划分为 3 个经济区域：东部地带(京、津、冀、辽、沪、苏、浙、闽、鲁、琼、粤 11 个省市)、中部地带(晋、皖、赣、湘、鄂、豫、吉、黑 8 个省)、西部地带(渝、川、黔、颠、藏、陕、甘、宁、青、新、桂、蒙 12 个省区市)。

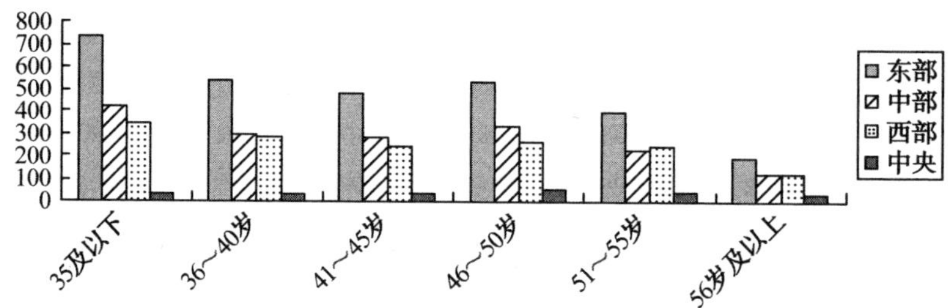

图 5-4　竞技体育教练员年龄结构与区域分布示意图

(三)我国竞技体育教练员的性别结构

当前我国竞技体育教练员队伍中，男性所占比例为 74.77%，而女性为 25.23%，男性所占比例是女性的近 3 倍，显著高于女性。其中东部和西部女性的比例分别为 24.91%、24.58%，低于整体的性别比例，只有中部地区女性占到 26.55%，略高于整体比例，不过从总体上看，男女比例差别依然明显，教练员队伍以男性为主。

(四)我国竞技体育教练员的学历结构

当前，竞技体育教练员的学历以本科为主，从图 5-5 可以看出，拥有本科学历的人数占到总人数的一半以上。其次是专科学历，研究生以上和中专以下人数相对较少。从时间维度上来看，2005 年本科以上教练员有 2207 人，占 34.92%，而截至 2010 年底，本科及以上学历的教练员共有 3544 人，占 57.16%，本科以上学历的人数增加了 1337 人，教练员队伍的学历层次得到了显著的提升。

虽然教练员队伍学历结构得以明显提升，但高学历人才依然稀缺，拥有研究生以上学历的人员共有 134 人，所占比例只有

2.16％，其中博士研究生仅有7人。在体育强国美国，教练员大都有很好的教育背景，各项目主教练基本都是硕士以上学历，而且都经过严格的系统教育。① 在学历和教育方面，我国竞技体育教练员表现出明显的差距。我国竞技体育教练员中有很大一部分是从运动员直接转型成教练员，“练而优则教”，在专业技术上有丰富的积累，但由于运动员培养体系的不完善，使其理论基础较差，后续培训质量又尚难保障。因此，在知识体系的完备方面有所欠缺。此外，我国竞技体育教练员的学历大多集中在体育专业领域，获得其他专业学历的人员较少，学缘结构较为单一。

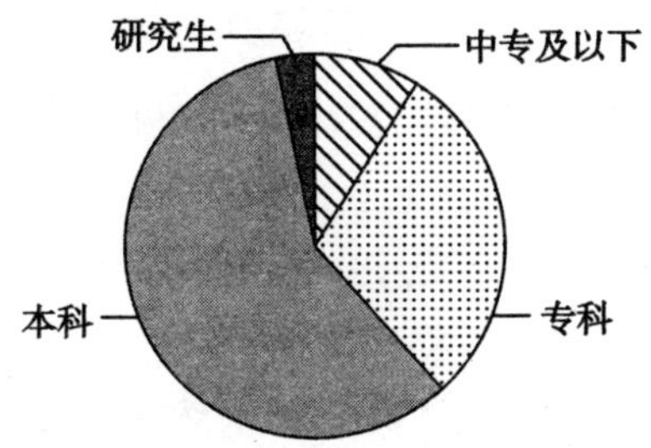

图5-5　竞技体育教练员学历结构示意图

从区域分布来看，东部和中部地区教练员的学历结构要优于西部地区，体育总局系统教练员的学历结构要优于省级体育部门，这与我国体育系统人才总体情况基本吻合。从表5-1可以看出，中央和东部、中部地区，教练员队伍的学历以本科为主，本科学历均占到总人数的一半以上，而西部地区相对较低，仍以专科及以下学历为主。总局系统体育教练员的学历明显高于东、中、西部地区，总局拥有研究生学历的比例为12.77％，而东、中、西部则分别

① 参见金晓平、吕志刚、林岭等：《更新观念　取长补短　不断创新——国家队教练员赴美国体能专项培训的启示与思考》，《北京体育大学学报》2007年第11期。

为 2.13%、1.74%和 1.34%，拥有博士学历的体育教练员总局系统有 5 人，东部和西部地区各 1 人，中部地区尚没有。

表 5-1 各区域竞技体育教练员学历结构一览表 （单位：%）

	东部	中部	西部	总局
研究生	2.13	1.74	1.34	12.77
大学本科	60.53	57.90	41.17	54.79
大学专科	33.28	37.24	47.21	26.60
中专及以下	4.06	3.12	10.28	5.85

（五）我国竞技体育教练员的职称结构

本次调研发现，我国竞技体育教练员的职称结构得到了进一步改善，省级以上体育系统拥有高级职称（正高级和副高级）的教练员人数共计 2519 人，占总人数的 40.63%（见图 5-6）。特别是体育总局系统的教练员队伍，高级职称比例占到了 61.17%。在专业技术人才队伍中，体育教练员高级职称所占比例最高。从全国范围来看，我国具有副高以上职称的教练员共有 5291 人，其中高级教练 4708 人，占副高以上教练员人数的 89%；国家级教练 583 人，占 11%。与 2005 年相比，2010 年副高职称以上教练员人数增加了 303 人，增幅达 6.07%，其中国家级教练增长幅度更大，增加了 132 人，增幅为 29.27%。①

① 数据来源：国家体育总局人事司。

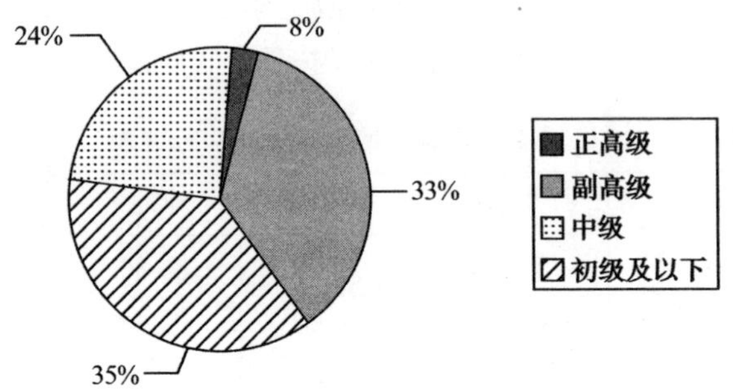

图 5-6　竞技体育教练员职称结构示意图

省级以上体育系统副高以上教练员占全国副高以上教练员总人数的 47.61%，接近一半。由图 5-7 还可以看出，582 名国家级教练中，有 511 名任职于省级以上体育系统，高达 87.80%，可见教练员中的大部分高职称人才依然集中在高层体育系统。

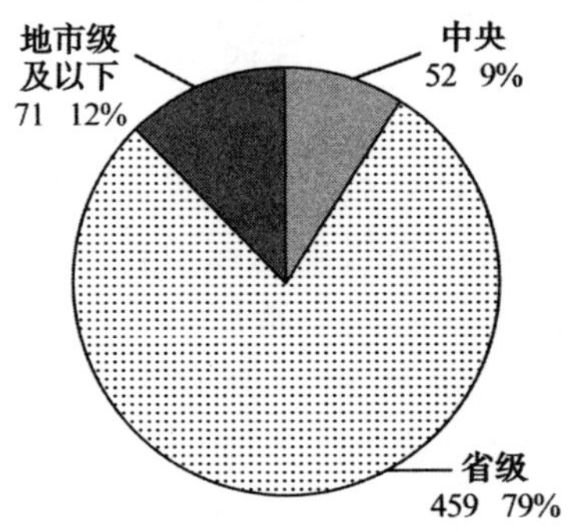

图 5-7　国家级教练分布示意图

此外，从任职机构类型来看，副高以上职称教练员主要任职于优秀运动队和各类体校。由图 5-8 可以看出，优秀运动队和各类体校分别有副高以上教练员 2389 人和 2643 人。其中，高级教练在各类体校中分布最多，其次是优秀运动队；国家级教练则主要集中在优秀运动队，占国家级教练总人数的84.56%。

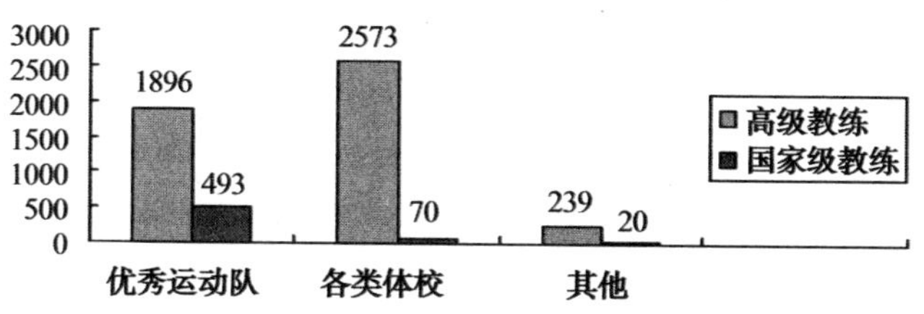

图5-8　副高以上职称教练员分布机构示意图

从区域分布上看(见表5-2)，东部地区副高以上职称的体育教练员占整个系统副高以上人员的48.79%，而中部和西部分别占到27.71%、18.94%，且东部地区副高以上职称教练员占本地区教练员总量的比例也高达43%，其拥有副高级以上教练员的数量和比例在3个地区中也是最高的。而总局系统副高级以上教练员比例更是高达61.17%，显著高于省级体育系统。从整体上看，我国竞技体育教练员的职称分布呈现由东至西、从上到下依次递减的现象。

表5-2　各区域竞技体育教练员职称结构一览表　(单位:人)

	东部	中部	西部	总局	总计
正高级	292	90	51	53	
副高级	937	608	426	62	
中级	980	632	517	53	
初级及以下	649	335	495	20	

总体而言，本次调研结果与2005年相比，省级以上体育系统教练员规模保持了相对稳定，体育教练员的学历和职称结构得到了显著提升。但人才发展和分布比较不均衡，从上至下看，总局体

育系统在教练员资源方面拥有得天独厚的优势，高职称、高学历的竞技体育教练员所占比例较高；从各区域看，东部地区教练员资源在数量、学历结构和职称结构等方面优势明显。这种人才资源分布的差异，深刻影响着各地区竞技体育的发展。

二、我国竞技体育教练员管理的组织现状

（一）竞技体育教练员的管理以行政组织为主

体育管理组织结构包括部门设置、管理权限、层次以及范围。从图 5-9 可以看出，当前我国的体育管理工作，在每个横向层次上均主要由体育部门和教育部门的相关组织担负，社会组织为辅。从纵向上看，我国体育管理组织系统由中央至地方逐级分布，上层机构健全，而下层机构相对紧缩，到了区县一级，已没有完全对应机构。比如，很多县级市不设体育局，而是在政府机构中设置分管体育、卫生、文化等工作的职能组织。

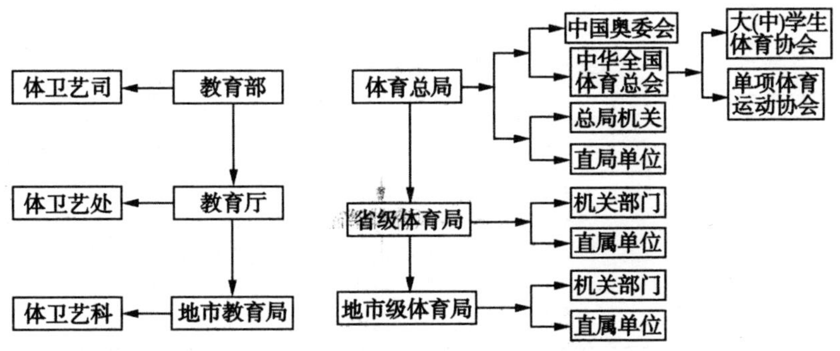

图 5-9　我国体育管理组织结构示意图

教育部的体卫艺司分管部分体育事务，如帮助制定相关体育政策、标准、制度。现阶段我国 31 个地方教育厅均将体卫艺术处

作为管理体育工作的主要部门。[①] 即在纵向上，省级体卫艺处隶属于教育部体卫艺司，要接受教育部体卫艺司和全国学生体育联合秘书处的双重管理；在横向上，要兼管体育、卫生与艺术三项工作。

国家体育总局在 1998 年国务院机构改革中，从国务院组成部门转变为国务院直属机构，负责全国体育事业的管理。由图 5-9 可以看出，中华全国体育总会和中国奥委会原属于社会类体育管理组织，但是与政府专门体育管理组织——国家体育总局处于“三位一体”的状态。中国奥委会与国家体育总局由同一套领导班子管理，《中国奥林匹克委员会章程》第五条规定：“中国奥委会接受国家体育总局、民政部社团登记管理机关的业务指导和监督管理。”[②]《中华全国体育总会章程（草案）》第四条规定：“本会及其活动，接受其业务主管单位国家体育总局及社团登记管理机关中华人民共和国民政部（以下简称民政部）的业务指导和监督管理。”[③] 由此可见，国家体育总局是中国奥委会和中华全国体育总会的主管单位，后者形同虚设，没有独立的人事任免权，也无真正意义上的决策权。正如全国体育总会与国家体育总局是“一个机构，两块牌子”，运动项目管理中心与运动项目协会也是二合一的管理模式。由于运动项目管理中心既延伸了一定的行政权力，又代行诸多的协会职能，因此，在管理过程中不可避免地要采取行政手段，利用行政权力维持利益、垄断资源。[④] 各单项运动协会成为总局

---

① 参见赵晶、闫育东：《我国“后奥运时代”体育管理组织系统的优化构想》，《上海体育学院学报》2008 年第 5 期。

② 《中国奥林匹克委员会章程》，中国奥委会官方网站，2004 年 3 月 29 日。

③ 《中华全国体育总会章程（草案）》，中华全国体育总会官方网站，2009 年 5 月 21 日。

④ 参见马志和、戴健：《论政府体育管理职能的转变与制度创新》，《上海体育学院学报》2003 年第 3 期。

直属的运动项目管理中心的附庸，没有自身的资源，既不能行使应有权力、提供应有服务，也无法获得来自社会组织的支持和拥护。

由此可见，我国竞技体育管理中存在一实、一虚两条线。以总局管理系统为例。如图 5-10 所示，实线为国家体育总局机关单位和项目管理中心，实际承担竞技体育管理的任务；虚线为中国奥委会、中华全国体育总会以及下设的各单项体育运动协会，处于虚位状态，并未实际承担竞技体育的管理工作。当前，计划经济体制的烙印依然清晰地留存在我国竞技体育领域，“资源统一调配，国家严密组织”仍然是中国竞技体育的鲜明特点。在现代竞技体育管理中，体育协会被同构于行政组织内，社团发展停滞不前，社会组织并未发挥其应有的价值和作用。我国体育管理中政府组织的强势和社会组织的弱势，体现了国家管、办竞技体育的权力并未真正分离和下放。因此，在竞技体育的管理中，仍然以行政性组织为主。

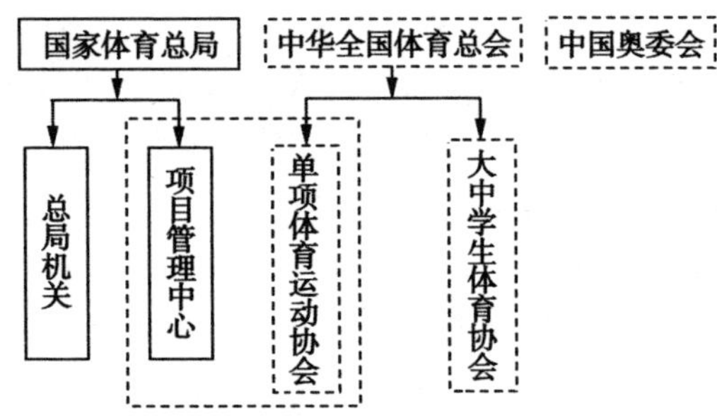

图 5-10　总局系统竞技体育管理组织示意图

作为竞技体育领域最重要人力资源之一的竞技体育教练员，其管理也是处于一实、一虚两条管理主线之下，以行政型管理组织为主，社会组织基本没有介入。当前竞技体育教练员的管理基本呈二元结构，由国家体育总局、各省市体育局人事部门和相应的各级训练机构共同管理（见图 5-11）。其中，总局和各省市、地区体育局的人事部门负责竞技体育教练员的人事管理工作，如招聘、编制、流动、职称评审等事宜；日常岗位管理和行政管理工作由训练机构负责，如训练基地负责组织教练员参加政治思想教育、政治理论学习及集体活动等，并负责考勤登记教练员的表现情况，在年度考核评估中作为奖惩的依据。有的还设有专项领导小组对教练员实行业务管理。各专项领导小组对各训练层次的教练员设立技术档案登记表，教练员在岗的继续教育培训、外出公务、事假、休假等由各专项领导小组统筹安排实施并上报训练基地批准。在山东省体育局网站上我们可以看到，山东省体育训练中心承担全省体育系统教练员的培训工作以及户籍管理工作、后勤保障工作。

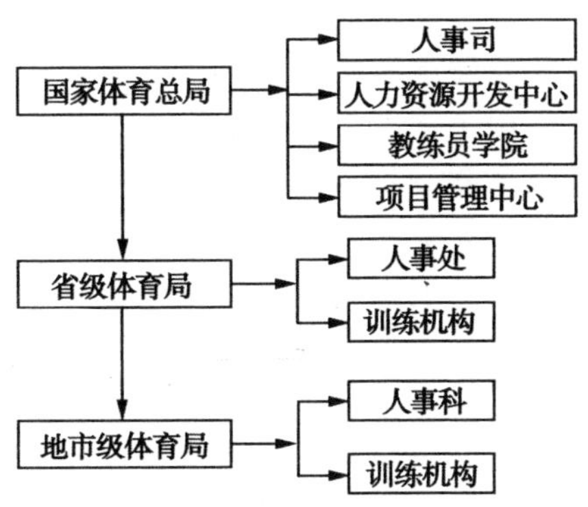

图 5-11　我国竞技体育教练员管理组织结构示意图

为更好地开展教练员管理工作，国家体育总局还成立了人力资源开发中心和教练员学院，各省体育局为进一步深入开展工作，有近 1/3 的省份也专门成立了包括体育人才服务中心、体育人力资源开发中心等人才工作服务机构，并赋予其作为人才工作具体经办单位的相应职能。这些部门也对竞技体育教练员开展管理工作，加强了组织机构和人员方面的力量。其中，山东省还专门成立了教练员学院，不仅对教练员进行培训，还为退役运动员进行执教培训，以助其顺利实现职业转换。

总之，我国竞技体育教练员的管理组织形式较为单一，依然以“举国体制”下的行政管理模式，以行政管理的方式开展教练员管理工作，社会组织较少参与其中，社会力量尚未发挥应有的价值和作用。在国外教练员管理中担任重要管理职能的单项体育协会，在我国竞技体育教练员管理中几乎处于边缘地位。即便是试行职业化发展的项目，如足球、篮球，由于转型尚未成功，竞技体育教练员的管理大多也处于行政组织和社会组织交叉管理中，且以行政组织为主导。

（二）竞技体育教练员管理组织体系有待厘清

我国当前的体育管理的组织结构是按照等级划分的垂直、多层次分化的结构。由于这种垂直分工型的组织结构以行政组织为主，性质单一、功能重叠、职责交叉，呈现出鲜明的条块分割状态，影响了横向管理和纵向管理的顺畅。这种组织结构最大的弊端就是切断了社会结构内在固有的联系，无法实现系统最优化运行，并且失去了社会组织所能提供的巨大能量。

我国现行的竞技体育管理组织形式决定了教练员管理的组织结构，也为教练员管理带来了同样的困境。首先，从纵向上来看，各类教练员管理组织尚未形成自上而下的统一设置。比如，总局下属的各项目中心和体育协会，在基层尚未实现一一对应的组织架构。对于高层机构的改革，基层组织尚未同步进行，因而从总局到省市、地区尚未实现组织形式的对接和一致，难以实现纵向流畅的管理。从横向上来看，由于当前我国竞技体育的利益划分是以省份、区域为单位的，同一层级中的不同组织因利益分割问题和竞争问题，使教练员的发展局限在各自所在单位或区域。各省市、地区教练员的组织管理各自为政，教练员的身份体系管理归属于本地区，在职称评审、岗位设置、编制等问题上，都必须在本地区解决，大多地方对于教练员在非本地区执教所获得的成绩不予认可。除行政性质的调动外，很难流动，导致教练员横向的交流和管理较为困难，阻碍了教练员资源的合理配置和竞争。

此外，不同组织在教练员管理中存在交叉和政出多门现象。以国家体育总局为例，人事司主管教练员的人事管理工作，具体的职称评审工作由人力资源开发中心承办。人力资源开发中心承担教练员职称评审、教练员培训、教练员职称相关考试、支援西部教练员选派及协助办理外籍教练员有关手续等工作。而竞体司也参与部分教练员管理工作，如教练员的培训工作。2012 年 4 月 16 日，国家体育总局办公厅印发了《国家体育总局精英教练员双百培养计划实施办法》(体竞字[2012]55 号)①，该《办法》第四条指出："总局竞体司和青少司负责'双百计划'的组织管理工作。"竞体司还负责汇编专业运动队教练员培训计划，构建全国教练员培训信息交流平台。② 当前行政管理中的各类弊端如政出多门、条块分割等问题，在竞技体育教练员管理中也不可避免地存在着。由于当前我国竞技体育教练员管理组织结构中的纵、横关系复杂繁琐，职权交叉，管理的系统效应难以发挥。

三、我国竞技体育教练员管理的制度现状

制度是各类组织为了维护正常的工作、劳动、学习、生活的秩序，保证国家各项政策的顺利执行和各项工作的正常开展，依照政策、法律、法令而制定的具有法规性或指导性与约束力的、要求大

---

① 《关于印发〈国家体育总局精英教练员双百培养计划实施办法〉的通知》，国家体育总局官方网站，2012 年 4 月 23 日。

② 参见《关于汇编 2013 专业运动队教练员培训计划的通知》，国家体育总局官方网站，2013 年 1 月 28 日。

家共同遵守的办事规程或行动准则。管理制度则是对组织管理各基本方面规定活动框架，调节集体协作行为的制度。

诺思认为，“制度是一个社会的游戏规则，更规范地说，它们是为决定人们的相互关系而人为设定的一些制约”①。他将制度分为三种类型，即正式规则、非正式规则和这些规则的执行机制。这三部分构成完整的制度内涵，是一个不可分割的整体。

马克思认为，完整的社会制度是由经济基础和上层建筑这两个密切联系的层次组成的。由于经济基础决定上层建筑，而上层建筑又反作用于经济基础，因此，对社会制度的研究，首先要分析为其奠定经济基础的生产力及与之相适应的生产关系，然后才能对建立在这个基础上的上层建筑作出合理的说明。也就是说，对制度的分析，离不开社会背景的剖析。

我国长期的计划经济体制以及国家发展的需要，使竞技体育领域形成了举国体制的特殊制度环境。这种制度在我国政治、经济、文化等方面均比较落后的情况下发挥了巨大作用，为我国竞技体育创造出辉煌成绩立下了汗马功劳。举国体制的优越性，使得竞技体育教练员得以在非常稳定的工作环境和良好的保障条件下，专心投入到训练工作中，比较容易形成一支稳定的教练员队伍。随着市场经济的逐步形成，举国体制中的种种弊端也逐渐浮出水面，原有的稳定被打破，未来竞技体育的发展需要谋求新的路径和范式，制度变革也势在必行。

按照国家体育总局印发的《全国体育人才发展规划（2010～2020 年）》的要求，不少省份已经出台了当地体育人才发展“十二五”规划或中长期规划。在做好人才发展规划制定和落实工作的同时，各地还结合体育教练员管理工作的需要，加强了相关配套政

---

① ［美］道格拉斯 • C. 诺思：《制度、制度变迁与经济绩效》，刘守英译，上海人民出版社 1994 年版，第 3 页。

策的研究、制定工作。比如，辽宁省以政府令的形式出台了《辽宁省竞技体育人才培养办法》，辽宁省体育局还出台了《辽宁省引进优秀奥运项目竞技体育人才办法》；安徽省制定了《教练员管理办法》《有突出贡献的运动员、教练员奖励暂行办法》《安徽省体育局引进高水平教练员管理办法》等一系列政策性文件，用以规范各项教练员管理工作。

（一）竞技体育教练员管理制度新旧交叠

由于我国处于社会转型期的特殊阶段，使得中国竞技体育教练员的管理制度也面临着转型，制度改革的逐步推进，使老制度与新制度在不同层面上共存。原有的教练员管理制度主要围绕人事管理，对教练员的身份体系、职称评审以及日常工作规范约束较多。而现代教练员管理制度主要是围绕教练员资格认证、选聘、培训、考核、流动以及日常岗位管理等方面制定的。这些制度开始从人力资源管理的视角，围绕教练员管理的各个环节进行改革和探索。在这一过程中，由于各类项目自身发展情况的差异，管理制度的改革和完善也出现了明显差异。有些项目教练员管理制度迈出了有力的改革步伐，而有的则停滞不前。社会化程度高的项目已经开始尝试更符合市场规律的做法，比如开始制定并逐步实施教练员资格认证制度、教练员注册管理制度、教练员培训制度等。而大多数竞技体育项目的教练员管理依然停留在计划经济体制下建立起来的制度中，甚至面临制度缺位，在受到市场经济冲击时，应对乏力，以至举步维艰。比如一些非奥运项目、传统竞技项目，教练员没有资格认证制度，无法进行执教能力的审查，近亲繁殖的教练员队伍制约着项目发展的水平，使之难以提升，受到社会关注更少，发展所需资源更为有限，从而步入恶性循环。

(二)各类制度的规范化程度较低

虽然我国竞技体育教练员管理制度在努力完善中,但总体来看,当前制度的规范化程度较低。从制度的内容、制定者、发布者的统一性,到执行、监督等配套体系的完善程度,均有待提高。

首先,在制度的制定者方面表现出差异。同一类管理制度,有的是由专业项目协会制定,有的则是由其他相关部门会同体育部门共同制定。比如棒球教练员的资格审查、注册和管理由中国棒球协会负责,而《中国软式垒球教练员(教师)注册考核和管理办法》(体卫[2011]24号)则是由中国教育学会体育与卫生分会和中国垒球协会共同制定。这种差异导致了各类体育项目的制度设计从不同层面、不同维度着手,无法彼此呼应,走向规范。

其次,即便是同一类型的管理制度,其健全程度、合理程度、有效程度也差异较大。比如同样是注册管理制度,有些项目的教练员注册管理制度中,对教练员注册时没有过多的附加条件,而有些项目则必须满足一定条件,方可予以注册。如中国篮协制定的《CBA联赛运动员教练员注册与交流管理暂行办法》中规定:俱乐部为教练员办理注册时,国内教练员必须持有近两年由中国篮协颁发的教练员岗位培训高级班或继续培训班的结业证书。

(三)各类制度在探索、完善的同时,也出现了偏差

当前,建立以聘用制和岗位管理为基本内容的事业单位新型用人制度是我国事业部门改革的方向和基调,围绕这条改革主线,体育行政主管部门对各类教练员管理制度进行了相应的改革,使教练员管理制度逐渐走向科学化、规范化。比如,在教练员职称评审制度方面,针对体育行业的特殊性,各地在评审标准上也在不断调整,部分省份在修订时作了有益的尝试。如:江苏实行“积分制”评审办法,在基本保持原有训练业绩要求的情况下,变以往业绩认

定上的“单项选择”为“采点计分”;海南也采取了类似的做法,即把各项条件、业绩成果细分量化,避免某些业绩成果突出的优秀教练员人才因某项条件达不到要求而被淘汰出局;河南省规定凡申报高级教练职称的人员都要进行评审答辩,起到了督促教练员自觉提高科研素养的导向作用,使职称评审制度更趋合理。

在完善管理制度的同时,有些制度在修订中也出现了偏差。同样以教练员职称评审为例,在《关于〈体育教练员职务等级标准〉若干问题的说明》的第六条中指出:“《标准》中对教练员文化程度、科研能力、外语水平的要求,是从教练员队伍建设长远考虑所必须坚持的条件,各地在审定教练员职务时,应严格按照《标准》有关规定执行。”但在具体执行中,由于外语、计算机对教练员职称评审而言依然是一大难关,为了给予教练员群体更多的倾斜和照顾,部分地方作了更改。如贵州争取了对申报体育教练员的人员实行外语免试;黑龙江将体育教练系列“外语、计算机不作要求”一项写进新的职称评审条例;湖北、安徽、江苏、黑龙江等省对有突出贡献的人员,可不受学历、资历、职称、身份限制,破格申报评审相应的专业技术资格。这些改革举措违背了《关于〈体育教练员职务等级标准〉若干问题的说明》中的规定,从长远来看,对教练员队伍的可持续健康发展是不利的。

(四)教练员管理制度依然滞后于体育事业发展的需要

虽然各类教练员管理制度也在逐步完善中,但总体来看,很多制度依然滞后于我国体育事业发展的需要,跟国际体育发展趋向也存在较大差距。

1994年,人事部、国家体育运动委员会印发了《体育教练员职务等级标准》(人职发[1994]17号)、《关于〈体育教练员职务等级标准〉若干问题的说明》,确定了体育教练员的职务级别、岗位职责、任职条件、审定权限、职务聘任和晋升等问题的执行标准,说明中对各级、各类训练机构的竞技体育教练员的编制定员和职务结构比例、业绩认定等问题制定了指导性原则。

调研中发现，时至今日，除贵州、黑龙江、北京、河北、江苏、安徽、海南、辽宁、新疆、湖北等10个省份已有自己制定、修订的职称评审标准外，其他各省的职称评审依然沿用人职发[1994]17号文件。在体育发达国家，有关教练员的管理制度会随着社会发展变化的需要进行及时修订。比如，英国的体育行业职业标准每隔3～5年都要进行重新修订。①

曾经发挥过积极作用的评审制度，随着社会的发展开始成为体育教练员人才队伍建设的桎梏，不仅评审的指标体系不够科学，激励机制也难以满足现代教练员管理的需求。此外，标准中的任职资格和条件与教练员实际工作需要也相差较远，并且与国际惯例难以接轨，影响了我国体育人才的输出和引进。

（五）教练员管理制度尚不健全

在当前竞技体育教练员管理中，各类制度不仅表现出滞后，而且在很多领域还不太健全，以至于出现制度缺位现象。比如，很多项目的职业资格制度尚未建立起来，对于教练员执业资格无法科学认证。我国体育行业职业资格证书制度的建立最早始于社会体育指导员领域，2001年《社会体育指导员国家职业标准》的颁布实施，标志着社会体育指导员行业率先步入职业资格规范化轨道。2004年，国家体育总局成立了职业技能鉴定指导中心，推进了体育行业内国家职业资格证书制度的建立和推行。

目前，在体育行业执业资格制度实施管理中起重要作用的是由人事部、国家体育总局联合印发的关于实行执业资格制度的暂

① 参见戴俭慧等:《中英两国体育行业国家职业资格证书制度的比较研究》，国家体育总局官网，2009年5月5日。

行规定以及有关考试、注册管理等规范性文件，《体育教练员职业资格制度暂行规定》《体育教练员执业资格考试暂行办法》《体育教练员执业资格注册暂行办法》《体育教练员执业资格认定暂行办法》等文件，为体育行业职业资格制度的建立提供了依据，打下了基础。[①] 但据此制定的各项目教练员的职业资格制度却仍未健全。至今除少数项目出台了教练员注册管理、培训管理办法，如足球、篮球、棒球、摔跤等开展了教练员注册管理，足球对教练员培训有了比较完善的规定，但对于大多数运动项目而言，尚未形成包含资格考试、注册管理、培训管理的完善的职业资格制度。尤其是很多民族传统体育项目、新兴体育项目的教练员更缺乏管理标准。如登山项目、马术表演项目在西藏都属于重点项目，但这两个项目教练员的职称评审由于没有具体的标准可依，至今仍是难题。

目前，美国、英国、加拿大、德国、日本等国家已建立了较为成熟完善的教练员职业资格认证制度。要提高我国教练员队伍整体素质，参与国际竞争，就必须使教练员管理制度与人才建设国际化、世界化的趋势相契合，也就要建立符合国际通行做法的教练员职业资格制度。它将为我国教练员走向国际市场，同时也为优秀的国际体育人才走入中国市场建立必要的平台。

（六）部分管理制度脱离当前实践

由于内外环境的发展变化，我国竞技体育教练员的管理制度也需要贴合实践需要调整、修订。但由于我国体育教练员管理制度大多是由政府部门负责组织制定、推行的，而且主要由专家、学者参与制定，制度的可操作性、与实践的贴合度以及社会认同度相对较低。国外教练员管理制度的制定更多由社会性体育机构参

---

① 参见李智、樊庆敏、刘大庆：《我国教练员职业资格制度研究》，国家体育总局官网，2007 年 2 月 7 日。

与，考虑的是实践的需求。比如，英国体育行业标准的制定更多的是由产业部门推动的，标准更加符合用人单位的要求。[①]

四、我国竞技体育教练员管理的运行机制现状

（一）运行机制不断完善

随着我国事业部门人事制度改革的推进，体育行政主管部门也进行了相应的改革，聘用制和岗位管理被引入体育领域，打破了原来的教练员任命制，引入了教练员竞聘上岗的竞争机制，推行了教练员聘用合同制，把原来固定化的用人方式转变为契约化、法制化的用人机制。

对竞技体育教练员的管理，正从传统的人事管理逐步走向人力资源管理。各省不断完善选人用人机制、体育人才考核评价机制、高端人才引进机制和体育人才激励保障机制，对人才的选聘、引进、培养、考核和激励等环节形成了一定的管理模式，并创新了一些有益做法，如海南省体育局建立起柔性引进机制，树立不求所有，但求所在、但求所用的理念，坚持引才与引智相结合，重在引智，建立渠道畅通、来去自由的柔性引才机制。其次，落实用人单位引进人才方面的自主权，充分调动和发挥用人主体的积极性。如广东省强化教练员的考核管理、聘后管理，实施阶段考核、动态管理，完善教练员的聘任机制。结合周期特点和运动项目规律，以比赛成绩为主要依据，采取平时考核、年度考核和周期考核相结合的形式，并将考核结果作为教练续聘、晋升、奖励、处罚、解聘的主要依据。尝试建立“能上能下，能进能出，有效激励，竞争择优，充

---

① 参见戴俭慧等:《中英两国体育行业国家职业资格证书制度的比较研究》，国家体育总局官网，2009 年 5 月 5 日。

满活力”的用人机制。

网络平台也被部分省份引入人才管理工作中。不仅很多省份的人才培训工作借助网络平台，有些省份还尝试把网络引入日常人才管理工作，如河北省加大人才信息化建设，组建了全省体育人才网站，青海省建立了教练员专家库，上海市建立了体育后备干部数据库，使体育人才工作的运行机制更加科学高效。

（二）运行机制仍滞后于竞技体育的发展

从人力资源的视角来看，现代竞技体育教练员管理在具体运行中主要包括了竞技体育教练员职业资格认证、注册、选拔与聘用、培训与开发、考核与评价、流动、保障等。目前，竞技体育教练员仍属体制内管理模式，走职称评审系列，尚未形成职业资格管理体系。长期以来，我国教练员主要来源于专业运动队退役的高水平运动员或高等体育院校的毕业生，实行的是运动经历加学历的上岗办法。这与国际通行的先取得相应等级的教练员职业资格证书方能上岗执教相比，其科学性和合理性有所欠缺，已滞后于转型期竞技体育发展的需要。

竞技体育教练员依然实行体制内的职称管理。根据国家人事部、国家体委印发的《体育教练员职务等级标准》和《关于〈体育教练员职务等级标准〉若干问题的说明》，体育教练员系列职称评审分三级教练、二级教练、一级教练、高级教练、国家级教练。其中，三级、二级教练为初级资格，一级教练为中级资格，高级教练、国家级教练为高级资格。各市初、中级教练由各市按有关规定和程序组织评审，评审结果报省体育局备案，省体育教练员高级评委会可代评各市初、中级教练员职称；省直各单位和各市人员申报高级教练职称，需报省体育教练员高级评委会评审，经省人事职改部门批准后，报国家体育总局备案；国家级教练由省体育局组织高级教练审核组提出初审意见，经省体育局和省人事职改部门审核，由国家体育总局评审。当前的这种职称管理机制，使国家体育总局负责评审国家级教练，备案高级教练，而这两部分仅是竞技体育教练员中的一小部分，大部分教练员的情况难以掌握，从而缺乏准确的、动态的数据库为宏观管理决策做依据，因此，国家体育总局在2005年、2010年开展了两次全国体育人才数据调研。

教练员的注册工作是教练员管理中的薄弱环节之一。当前国内竞技体育教练员注册管理尚未统一组织、规范实施，很多项目教练员尚未实施注册管理，而实行注册管理的项目，有些是针对从事该项目的所有教练员的注册管理，有些仅是针对某一赛事的教练员注册。如中国篮球协会2008年4月颁布的《CBA联赛运动员教练员注册与交流管理暂行办法》第二条规定：本办法仅适用于在中国篮球协会（以下简称“中国篮协”）注册的参加中国男子篮球职业联赛（以下简称“CBA联赛”）的球员和教练员。目前，我国各级各类教练员情况掌握不全、基础数据模糊、管理不力，很重要的原因就是注册管理工作不到位。

在教练员选聘方面，更多的是参照运动经历和以往训练成绩，对于教练员科学训练的技能和素质，选聘中缺乏科学的评价体系。由于改革的渐进性，当前虽然推行了教练员岗位管理制度，但尚未真正深入。本次调研中，截至2011年底，福建、浙江、广西、宁夏、青海、四川、上海、湖北、辽宁9个省份已完成岗位设置工作，其他各省也正在逐步推进。各省普遍存在岗位职数与现有人员数不相匹配的状况。多出的人员只能慢慢地沉淀，由于实施岗位设置管理制度后，职称评审与岗位设置已结合在一起，有空余岗位职数才能申报。岗位设置的限制及各省市普遍存在的超编现象，使教练员即使达到申报条件也难以参加高级职称评审，从而影响了一线教练员的工作积极性。

对于执教期间的教练员，其业务素质管理也尚未规范，对于后续培训和开发的管理尚未形成成熟的体系，培训的内容与教练员实践尚未紧密结合，培训成效有限，培训的评价体系也尚未建立，培训中管理者、参与者的意识都有待提高。

在教练员考核和评价方面，考核和评价的功能未能充分发挥，激励与约束机制也有待改进。部分按周期竞聘上岗的省份，如山东、福建均按四年一个周期竞聘，期满根据考核情况决定待岗、留岗、高聘一级等措施。而目前大多省份尚未引入这一管理机制。

教练员的流动依然较少，大多为行政指令性流动，市场机制下的人才流动机制尚未形成，因此，教练员资源的人力资本无法得到合理认定和自主提升。教练员管理的保障机制在举国体制下相对较为完善，竞技体育教练员拥有稳定的职位和收入，但从教练员管理的整体来看，由于各管理环节缺乏完善的评估体系，难以保障教练员资源得以充分开发和利用，不利于教练员资源的可持续健康发展。从整体上看，虽然开始了岗位管理的探索，但大多省份在教练员管理方面还没有突破性的改革，尚未真正形成人员能进能出、职务能上能下、待遇能高能低的人才动态管理机制。

（三）各管理环节的联动效应有待进一步提升

由于当前我国竞技体育教练员的管理主要以行政方式为主，虽然人事制度的改革正逐步深入，但教练员管理中的各个环节尚未形成顺畅的链条并充分发挥联动效应。教练员的职业资格认证、注册与教练员选拔与聘用尚未结合起来，而教练员的培训在某些地区开始与教练员的考核、评价挂钩，但大部分项目尚未将培训与教练员注册、晋级、资质审查相关联，无法达成互相促进、互相制约的管理效应。管理中的各环节在原有条块分割的管理体系下被割裂开来，联动效应的发挥有限，比如注册权与管理权分离，无法实现二者的互促效应，这也是造成竞技体育教练员管理改革无法深入的重要原因之一。

第二节　我国竞技体育教练员管理中的典型个案分析

在对当前竞技体育教练员管理作了宏观的、整体的现状分析后，通过典型个案的分析，从微观的角度梳理管理冲突背后深层次的问题症结所在，借助现代管理理论和其他学科的相关知识，探索化解冲突的途径，实现更优化的管理。

一、"汪成荣事件"分析

2005 年，在青海省体育局的推荐下，汪成荣被中国残奥管理中心聘为教练，经他训练的两名运动员在 2008 年北京残奥会上获得 3 金 1 银。2011 年 10 月，中残联奖励汪成荣 149.91 万元奖金并打至汪成荣的个人账户。汪成荣所在单位青海省体育工作一大队得知消息后，要求其上交全部奖金并由组织重新分配。汪成荣认为奖金属于个人劳动所得，拒不上交。青海体工大队对汪成荣作出了停职决定，由此引发了青海省体工一大队和教练员汪成荣之间的纠纷。

"汪成荣事件"与田亮、孙杨事件相似，是个人利益与集体利益的碰撞，也是体育市场化、商业化的大趋势与举国体制的又一次交锋。其映射出当前教练员管理体制和机制中多个层面的问题，如教练员合理化流动问题、教练员契约化管理问题、教练员管理中的多方利益博弈问题等。

(一)教练员合理化流动问题

当前的教练员流动问题依然停留在原有的人事管理制度下。在计划经济时期，职业变动较少，教练员的流动形式和路径单一，主要以垂直流动为主，国际流动和职业变动也基本上是政府行为。而在步入市场经济时期后，教练员流动的形式和路径日趋多样，除了垂直流动，还涌现了较多的水平流动、国际流动和职业变动。除了以往的人事调动，还提供了更灵活的多样化选择，如租借、互换、一次性买断、协议交流等。

人才流动是社会按照人才的价值规律和社会要求所进行的空间动态调节。通过人才的合理化、正向流动，可实现人才价值的最大化和组织利益的最大化。然而，人才流动必然会引起人才身份体系的变化，从而受到相应制度的制约。户籍登记管理制度、社会保障制度、职称评定制度、工资福利制度、人事档案管理制度等构成了当前我国教练员流动的身份制度体系。这些制度为人才的合理化流动树立了多重壁垒，加之我国处于社会转型期，新旧制度体系交叠，又带来复杂的体制性障碍，使人才流动面临层层桎梏。

此外，我国竞技体育教练员按行政区划统一管理，由于职能划分的条块分割、区域分割，只能上下调动，横向流动困难。比如，教练员职称评审缺乏权威的、符合现实需求的标准，各地评审标准的不一，使职称评审呈现地区差异，且教练员的业绩认定也存在地域问题，外派、借调期间所取得的成果很多地方不认可或不能作为职称评审材料。这种地域化为教练员的全国性流动乃至世界范围内的流动和任职资格认定带来了很大障碍。这些都限制了人才的合理化流动，造成了“人不能尽其才，才不能尽其用”，奇缺与积压浪费并存等现象，进而影响了体育人才价值的充分发挥、体育人才的科学化配置和合理化竞争。“汪成荣事件”即明显映射出这一问题。这既不利于调动教练员的积极性，又与市场经济所要求的人才自由流动原则相背离，也不利于我国竞技体育的健康可持续发展。

(二)教练员人力资本界定问题

人力资本边界模糊也是当前教练员管理中的一大问题。在市场经济体制下,教练员的个人价值按照市场标准得以体现,尤其是货币化体现,但相关管理没有跟上社会和经济发展的步伐,在多方利益博弈中管理缺位问题凸显出来。由于对体育人力资本的形成、产权和收益分配缺乏明确规范,所以在社会转型期和市场经济的建立过程中,个人利益与集体利益的冲突,个人利益与国家利益的冲突,市场化、商业化与举国体制的冲突一一浮出水面,由此产生了"马家军"为奖金"兵变",王治郅、田亮、孙杨、李娜等优秀运动员因利益分配问题而惹上纠纷。如今的体育人才懂得运用各种方式来捍卫自己的权益,这彰显了社会和时代的进步。作为领导者的相关职能部门也应该不断改进和完善管理手段与方法,比如明晰人力资本的权限,界定体育人力资本的使用权、处置权、受益权等,方能从根本上探寻各类经济纠纷的解决方法。

(三)契约式管理缺失问题

《中国大百科全书》将"契约"的定义释为"泛指发生一定权利、义务的协议"。当今美国契约法学界最著名的学者麦克尼尔(R. Macneil)在其代表作《新社会契约论》一书中精辟地指出:"所谓的契约,不过是有关规划将来交换过程的当事人之间的各种关系。"[①]契约可以规范和约束上至国家与国家之间,下至组织与组织、组织与个人、个人与个人之间的关系,并且可以依托法律保障,确保契约的最终达成。而所谓契约式管理,就是通过相对固定的、清晰的契约,规范和约定各个层级管理机构以及管理人员的关系、

---

① [美]麦克尼尔:《新社会契约论·序》,雷喜宁等译,中国政法大学出版社 2004 年版。

行为。由于它能够确保个人与个人、个人与组织、组织与组织之间按照约定行事，可以作为规章、制度之外更为细致、更具针对性和约束力的补充管理手段。

契约式管理在体育领域早已有所践行，但尚未加以深入推广。在很多体育纠纷问题中，契约式管理的缺失是导致纠纷产生的根源之一。在“马家军”因奖金分配问题从辉煌走向没落之后，《马家军调查》的作者赵瑜接受记者采访时表示：“我觉得我们应该通过先进的契约制度和合同制度来规范经济活动。”[①]在管理体制较为成熟的体育强国，运动员和教练员在雇佣合同中清楚地界定奖金的归属问题，防止不必要的纠纷发生。而在“汪成荣事件”中，在汪成荣前往中残联任教之前，若其派出机构青海省体工一大队与之签署了相关协议，对于双方的责、权、利关系作出明确约定，就不会发生后来的奖金分割难题。

（四）政策、制度的完备问题

有关教练员管理的法规、政策尚未健全，导致我国体育人才管理中依然有很多领域无法可依，对竞技体育成绩突出者进行物质化奖励本无可厚非，但应当有健全的分配机制为基础。内部缺少清晰的利益分配制度和监管机制是造成利益纠纷难以调解的重要原因。1996 年 7 月，国家体委、人事部制定颁发了《运动员教练员奖励实施办法》和《社会捐赠（赞助）运动员、教练员奖金、奖品管理暂行办法》。第一个文件对运动员各级别的奖金数目予以了详细说明，同时规定个人项目的教练员按照运动员奖金标准给予奖励。第二个文件中则明确了捐赠（赞助）给运动员、教练员及有功人员的奖金、奖品的分配方案。国家体育总局官网 2001 年 10 月下发

---

① 范宏基：《孙英杰讨薪与马家军相同 体育市场规范有待完善》，人民网，2005 年 12 月 29 日。

的《国家体育总局关于运动项目管理中心工作规范化有关问题的通知》中，作出了运动员商业广告收入和国家队运动员比赛奖金分配的相关规定。但围绕奖金分配的配套法规并不健全，对各类不同情况下的具体分配也无章可依。关于运动员的奖金和商业收入分配制度已相继出台，但关于教练员各类收入的分配问题仍缺乏统一而权威的管理标准，比如“汪成荣事件”所反映的关于借调人员的奖金分配问题，至今尚未有相关政策出台，从而无法可依，使之注定成为一场没有结果的纷争。奖金分配问题一直是体育界的敏感问题，其原因之一，就是因为缺乏健全的法律、法规进行指导和约束。这是一个尚未被触及的灰色地带，也为教练员管理埋下了诸多隐患。

（五）利益博弈问题

“天下熙熙，皆为利来；天下攘攘，皆为利往”，司马迁在《史记·货殖列传》中的这句话在2000多年后的今天被发挥到极致。在讲究“个人劳动必须得到尊重”的今天，追求物质利益已成为当今社会一大趋势。市场经济体制的逐步确立，使中国社会步入前所未有的利益博弈时代，利益相关者的博弈问题在重奖竞技体育的今天变得越发复杂。

“奖金”一词在竞技体育举国体制下有着鲜明的中国特色。20世纪80年代前，“奖金”更多以荣誉的形式体现，如奖状、领导接见、当选某某委员。80年代初，国家体委开始以金钱的形式激励运动员和教练员，获得全国冠军的运动员每月可获得10元奖金，而教练员可拿到每月5元奖金。1984年洛杉矶奥运会，国家体委给金牌选手颁发6000元奖金。1992年巴塞罗那奥运会高敏那块金牌为她带来了8万元的收入，比她的上一枚奥运金牌获得的收入高出了5倍之多。随后，社会上掀起对奥运金牌得主重奖之风，“奖金”的外延也在扩大，变得更加多元化。自从中国开始实施“奥运争光计划”和金牌战略，金牌特别是奥运金牌不仅仅意味着体育健儿和教练员们实现个人价值，获得为国争光的荣誉，同时还意味着巨额奖金以及社会地位和无形资产的提升。

但伴随而来的往往还有关于金钱的纷争、利益的碰撞。汪成荣、孙英杰夫妇在中国体坛最受关注的两起重大“奖金风波”中，先后担任了“主角”。孙英杰讨薪风波曾曝光了中国体育奖金分配的幕后问题。2005 年，孙英杰向教练王德显讨要自己的工资、奖金，成为了“讨薪先锋”。随后，2006 年 9 月孙英杰的师姐艾冬梅、臧云杰、李娟、郭萍四人以教练王德显“侵占财产”罪向法院对其提起民事诉讼。在此之后，著名跳水教练于芬向中纪委寄出举报信，检举国家跳水队领队周继红私吞其奖金。

从孙英杰等人到汪成荣，从教练员与运动员的奖金纠纷、管理人员与教练员的奖金矛盾，到地方体育主管部门公开与教练员“分”钱，计划经济下的分配制度正面临着时代的拷问。汪成荣即便在奖金风波中全身而退，守住了 149.91 万的奖金，可作为体制内田径教练的职业生涯基本上已经结束。在这场利益博弈中，孰是孰非已不重要，重要的是博弈中各方的利益能否最大限度地实现；否则，不仅仅是汪成荣个人的损失、青海省体工一大队的损失，同时也是国家的损失。因此，中国竞技体育领域的利益博弈问题迫切需要合理的疏导和科学的管理。

（六）管理文化问题

牛津大学社会学家达伦多夫对于文化的演进有一种比较量化的说法：“政治制度的变革需要 6 个月，经济过程的改变需要 6 年，而文化的改变则需要等待 60 年，甚至更长的时间。”[①]西方文化中

---

① 参见谢琼桓：《北京奥运会后中国竞技体育的价值取向和策略取向》，2012 年 2 月 13 日《中国体育报》。

强调个人主义,认为个人对自身利益和幸福的追求推动了社会的进步;而东方文化凸显的是集体主义,个人是集体的一部分,个人价值通过集体获得实现,个人利益不能凌驾于集体利益之上。中国体育延续的就是这种集体主义观念——个人的成功应归功于集体培养的结果,而个人的奋斗并非主要方面。但市场经济的确定,使教练员的价值得以按市场法则体现,教练员对自身资本的认识促使其日渐脱离原有的管理文化,重新考虑个人利益,从而引发了个人利益与集体利益、国家利益的矛盾,这也是传统组织文化与市场经济下新需求的冲突。

二、"上海女排性骚扰事件"分析

2012 年 11 月 13 日晚,2012～2013 赛季中国女排联赛第二轮上海女排客场对天津女排,在中国排坛长盛不衰的劲旅上海队 0∶3输给天津队,且三局得分均未超过 15 分,表现失常。赛后有人在微博上爆料了上海队输球的一个重要原因是某教练对几名球员进行了性骚扰。"上海女排性骚扰事件"经网络和全国各大媒体曝光后,引起了上海体育局的高度重视,经过调查核实作出暂停涉事教练训练工作,责令其向当事人及家长认错和赔礼道歉,并做出深刻书面检查的处理结果。

上海女排遭遇教练性骚扰,被认为是中国体坛首例性骚扰丑闻,更重要的是,这是第一次被官方确认的性骚扰事件。但之后网络媒体上的各类爆料显示,性骚扰事件在中国体坛早已有之,只不过出于种种考虑,这些丑闻大都被掩盖起来。为何性骚扰能持续、悄然地扰乱中国体坛呢?

(一)第三方监管的缺失

中国体育管理机构中没有独立的第三方监管机构,部分市场化的项目，如曾被推上风口浪尖的中国足球，举步维艰，问题多多，究其原因之一也是缺乏监管机构。由于监管机构的缺失，当教练员出现不当行为或者遭遇不公平待遇时，在一个利益共同体的机构内，无法及时寻求有效解决途径，不管对于教练员自身，还是与之相关的人员都不利。比如，“上海女排性骚扰事件”中，若不是借助媒体力量浮出水面，引发社会关注，进而形成舆论压力，可能再次被掩盖，但媒体毕竟不能长久担当第三方监管机构的职责。

“上海女排性骚扰事件”只显现了教练员管理问题中的冰山一角。对于教练员行为的包庇和内部处理，难以净化中国体坛风气，不利于教练员队伍整体素质的提升，也难以使教练员队伍保持可持续健康发展。从管理博弈论的角度来看，教练员需要激励，同时也离不开约束。美国奥委会曾于 2010 年设立了一个特别委员会，以规范、监管全国教练员的行为。不成立监管机构，终将无法遏制中国体育教练员的不良行为，同样，也难以阻止侵犯教练员权利的行为。

（二）法律介入的不足

在《中国妇女权益保障法》修正案中，有两个条文涉及性骚扰。该法第六章第四十条规定：“禁止对妇女实施性骚扰。受害妇女有权向单位和有关机关投诉。”第八章第五十八条规定：“违反本法规定，对妇女实施性骚扰或者家庭暴力构成违反治安管理行为，受害人提出请求的，由公安机关对违反行为人依法给予行政处罚。受害人也可以依法向人民法院提起民事诉讼，请求侵权损害赔偿。”显然，“性骚扰”属于法律明令禁止的行为，不再是道德范畴内的事情。但上述两条规定较为模糊，缺乏相应的细则使之更具操作性，从而出现违法行为时，由于处理力度不够，助长了不正当行为的再次发生。

性骚扰是全世界体坛的一个难题。针对性骚扰现象，国际上有很多成功防治经验可资借鉴。美国等一些国家成立了特别委员会监督教练,防止教练性骚扰运动员。美国体坛是曝出性骚扰事件最多的国家之一,其处罚力度也是最大的。美国拥有针对性骚扰的法令,对性骚扰的行为处以巨额经济处罚,甚至要受牢狱之苦,这一法令同样适用于体育界。最著名的案例是,2010 年 2 月,61 岁的前圣何赛游泳教练安德鲁·金被逮捕,因为从 20 世纪70 年代末起,他性骚扰 5 名女运动员,最终被判入狱 40 年。2011 年,由于不断有媒体揭露美国泳坛长期存在教练员性骚扰运动员的案例,美国游泳协会首次把 46 名教练(其中 36 位与性骚扰有关)的名字公之于众,并对他们处以终身禁止执教或永远退出美国游泳协会的处罚。2012 年 10 月 9 日,宾夕法尼亚大学橄榄球助教杰瑞·桑杜斯基因为性侵男童,被县法院判处至少 30 年的监禁。[①] 为防止在训练过程中发生性骚扰等不道德行为,专门制定了《美国奥委会教练员道德标准》,该规范已被美国许多单项体育协会采纳和接受。

相比之下,亚洲国家对性骚扰的打击力度明显不足。其中,日本和韩国主要从经济方面进行处罚,很少有人受到法律制裁,更多的是当事人辞职了事。结果,日本和韩国近年来成了体坛性骚扰的重灾区。韩国 KBS 电视台曾曝光女排前国手遭教练性侵犯的丑闻[②],但最终也未对涉事教练进行法律制裁。据日本《朝日新闻》统计,2010 年前后,体育界的性侵犯案件全部以“民事和解”“罚款”“人权委员会给予警告”等收场。[③] 对于“上海女排性骚扰事件”,媒体评论认为相关部门的处理方式——认错、赔礼道歉和

---

① 参见钟海之:《外媒评上海女排“性骚扰”事件:丑闻盖子捂不住》,中国新闻网,2012 年 11 月 19 日。

② 参见钟海之:《外媒评上海女排“性骚扰”事件:丑闻盖子捂不住》,中国新闻网,2012 年 11 月 19 日。

③ 参见《日本体育圈为什么“色狼”横行》, 雅虎体育, 2011 年 12 月 20 日。

书面检查，既不能服众，也不能起到惩戒和震慑作用。

三、"肖天斥'土帅'排挤外教"事件分析

2011 年底，面对中国冬季项目成绩开始下滑，国家体育总局局长刘鹏和副局长肖天对冬季项目中心的领导和教练作了指示。人民网、网易、新浪纷纷作了报道，其中肖天副局长提及"土帅"排斥外教问题，认为有些国内教练排挤国外教练是影响一些冬季运动项目发展的一大原因："我手里'掐'两个尖子运动员，国内有点成绩，打个全运会，分个房子，拿个奖金，我管你什么国家队不国家队啊！要输送，不给！另外呢，领导挺着急啊！赶快请个外教进来啊。你弄个外教来，这帮哥们儿合起来让老外滚蛋。最后说，训练理念还是不错，但是他带了好几次都没成绩，你看我不行吧，他带出去（参加）世界大赛，（成绩）还不如我呢！"[①]

随着中国体育与世界交流的日益频繁，在中国的体育军团中，外教这个特殊的角色，从无到有，直至今日队伍越来越壮大。在 2008 年北京奥运会上，有 38 位外教为中国军团服务。在 2012 年伦敦奥运会上，中国代表团总共有 11 位外教，其中两人曾参加过北京奥运会，他们分别是花样游泳的日本教练井村雅代和女子水球的西班牙教练胡安。

但并不是请来一位高水平的外籍教练就万事大吉了。由于文化背景、思维方式、执教理念甚至生活习惯等诸多方面的差异，必然存在沟通的障碍。而教练组成员中外籍教练跟本土教练的合作问题，外籍教练与其他工作人员和运动员的合作问题，直接关系竞技体育成绩是否能提升以及提升的速度。教练员团队协作不好，

---

① 《刘鹏批速滑队成绩下滑　肖天斥"土帅"排挤外教》，2011 年 6 月 29 日《广州日报》。

那么高薪聘请外教就演变为资本内耗和资源浪费。

(一)利益划分带来教练员管理的内耗

本土教练排斥外教的原因归根结底还是利益的争夺问题。对竞技体育的重奖使教练员开始更多关注自身所能获得的经济利益,外教的到来,无疑要分一杯羹,而且还是很大一部分,必然导致本土教练对外教的排斥,使教练员团队无法形成合力。这种排斥将造成我国竞技体育内部的人力资本损耗,若不能改善这一现象,将使我们某些项目引入外教成为一项劳而无功的举措。

其实,在教练员管理中,不仅存在对外来教练员的排斥,而且本土教练员合作中也多有问题。尤其涉及优秀运动员输入时,矛盾就更加尖锐。比如 2008 年北京奥运会前夕,清华大学跳水队教练、原国家跳水队副总教练于芬申请重回国家队,为 2008 年北京奥运会效力。于芬是一位曾培养了伏明霞、郭晶晶等跳水奥运冠军的著名教练员,并在清华跳水队培养了一批跳水后备人才,北京奥运会跳水选手中不乏于芬的学生。但这位具备世界体坛公认实力的教练员在回归国家队问题上最终无果。媒体评论认为,于芬若入主国家队,将打破原有的利益分配格局,这或许是于芬回归国家队的最大障碍。现任韩国羽毛球队单打总教练的前中国男单主教练李矛,在接受媒体就于芬申请为国效力的事件采访时,谈到对于回归国家队,自己的阻力比于芬更大。

利益划分不当,是导致教练员管理内耗的重要原因。比如,全运会是以省份为单位排名,因而各省更注重自身的成绩和排名,国家的“奥运战略”和地方的“全运战略”相抵触,使地方难以保持大局观和科学发展观,因而造成两种情景:一种是偏重于为本地区输送进国家队的运动员服务,而忽略其他运动员;另一种是部分地区对于借调教练员的业绩认定往往只限于为本地区做出贡献的业绩,其他业绩在职称评定、岗位考核等方面无效,从而出现报道中提及的现象："我手里'掐'两个尖子运动员，国内有点成绩，打个全运会，分个房子，拿个奖金，我管你什么国家队不国家队啊！要输送，不给！"若不能将最优秀的教练员群体组织起来为我国竞技体育快速发展服务，将是我国竞技体育的巨大损失。

（二）管理文化问题

"肖天斥'土帅'排挤外教"跟"汪成荣事件"所涉及的管理文化不同，后者体现了管理文化的变迁和新旧文化交替时的摩擦、碰撞，是纵向发展中所产生的问题，而前者更多体现的是不同文化之间横向的融合和碰撞问题。由于外教与中方工作人员、运动员受不同民族传统文化的影响，在合作中难免会因文化差异带来各种障碍。比如，东方文化是高语境文化，而西方文化是低语境文化。高语境文化是含义暧昧的文化，而低语境文化则更加重视语言符号本身既定的意义和意思，认为人们所用语言表达的就应是其真实的思想感情。因此，高语境文化与低语境文化在交流中容易出现误读与障碍。

文化差异不仅带来语言障碍，更多的是理念的差异。西方是凭借个人的理性、科学的知识、宗教的信念，从而设计出一套管理的方法，去推动和控制社会的发展。中国的管理理念是凭借对人性的反省与思考，提倡集体主义，突出人的社会价值，结合人的感情需要，运用共同的价值观念和社会责任感去实现管理并推动社会的发展。[①] 东西方文化的差异导致了价值观、思维方式和行为方式的差异，这是东西方管理理念差异的根源。

不可否认的是，在一个深受儒家文化氤氲的国家，"关系"一直是一个社会问题。在中国体育界，同样存在这个问题，外教也不能置身事外。为何中国足球一再更换外教，且每位外教都曾具有辉

---

① 参见成中英：《C 理论：中国管理哲学》，学林出版社 1999 年版，第 3 页。

煌的执教经历,但却没能让中国足球有大的起色呢?原因之一就是外教的执教理念与中国文化的融入问题。在外籍教练中,金昶伯(曲棍球)、马克(皮划艇)、井村雅代(花样游泳)、米卢(足球)这四人无疑取得了成功。他们的共同之处,就是善于融入中国的“关系”中,融入体制内的解决问题模式中。但外籍教练是我们为提高竞技水平而高薪聘请来的,不能依赖于教练员自身的努力融入来解决团队协作问题,不能要求所有外教像女子曲棍球教练金昶伯那样为了更好执教而学会汉语,而是应该通过对教练员群体更好的管理来加强团队协作,避免内耗的产生。

第三节　我国竞技体育教练员管理现状与问题总结

一、竞技体育教练员总量不足、质量不高

掌握我国竞技体育教练员的基础数据和基本质量情况,是进行分析研究、实施决策的基本前提。2007 年调研显示,隶属于省级以上体育系统的竞技体育教练员总计 6200 人,而 2005 年调研数据为 6351 人,与 2005 年相比,减少了 151 人。2007 年调研的运动员数量为 18938 人,省级以上体育系统教练员与运动员数量之比为 1∶3.05。从全国来看,我国共有一、二、三线专职教练员 25323 人,而我国目前一、二、三线在训的各类运动员为 361859 人①,教练员与运动员之比为 1∶14.29,全国范围内教练员的数量相对不足。

总体来看,我国竞技体育教练员中坚力量不足,国家队、省队、

① 参见李智、樊庆敏、刘大庆:《我国教练员职业资格制度研究》,国家体育总局官网,2007 年 2 月 7 日。

地市队的教练员梯队建设不尽如人意，且教练员在项目分布、地区分布方面呈现出明显的不均衡性。从 2005 年、2010 年两次调研的数据分析中可以看出，奥运项目、优势项目教练员人数较多，非奥运项目、弱势项目教练员人数相对较少；高层训练机构教练员素质和职称较高，基层教练员队伍相对薄弱；东部沿海地区和经济发达地区教练员数量较多，学历和职称结构较好，西部地区和经济欠发达地区教练员数量较少，学历和职称结构也相对较低，东部地区人才资源开发水平明显优于中西部地区。我国教练员分布的两极分化现象较为明显，各项目和各地区教练员呈现"多者愈多，少者愈少""强者恒强，弱者恒弱"的局面。此外，当前我国竞技体育教练员队伍整体质量不高，缺少高精尖端人才、领军人才。

二、管理理念滞后是导致教练员管理不善的根本原因

我国处于社会转型期，在社会主义市场经济体制逐步建立的过程中，原有的制度环境发生了较大的变化，竞技体育教练员的管理在新时期、新形势下也面临着新的问题，需要不断调整。当前，各地对于教练员的管理理念还相对滞后，依然停留在计划经济体制下所形成的竞技体育举国体制的管理模式中，存在偏差和误区。体育人事部门对传统的干部人事管理下的工夫更多，现代人力资源管理技术在教练员资源管理中的应用不足，对如何完善体育人才培养开发、评价发现、选拔任用、流动配置、激励保障等机制的深层次思考不够，措施不得力，对"人才资源是第一资源"的认识不到位，缺乏人才效益意识和人才管理、服务的积极性，业务性工作多，对人才可持续发展的关注少，抓人才工作大多表现为"停留在纸上，落实在嘴上"，"一般口号多，具体措施少"，从而使体育教练员资源数量相对丰富，但人力资本含量较低。人才的积极性、创造性未得到充分发挥。重管理、轻服务，一直是人事部门工作中的一大

缺憾。人才观念落后成为当前竞技体育教练员管理中存在的突出问题。

其次，教练员队伍建设中着眼于短期利益而不注重长远发展，轻视教练员综合能力的培养和长远发展机制的养成。如过分注重教练员训练中的竞技成绩，把训练成绩作为最主要的导向和业绩衡量标准，而忽略了综合素养的提高。再如一些省份热衷于从其他地区引进教练员，而忽视对本地区体育后备人才的培养。这些理念均直接制约着我国竞技体育教练员队伍的建设和可持续健康发展。由于缺乏立足长远发展的目光，更缺乏对教练员管理进行全球化视野下的审视，从而无法满足体育强国建设对教练员资源更高的要求。

三、体制弊端是造成教练员管理缺陷的直接诱因

体育管理体制是指国家在对体育管理的过程中所形成的相对稳定的组织结构形式、权力分配方式和在一定管理制度规范、约束下展开的运行机制的总称。① 它服务于国家体育总目标，并深受本国政治、经济制度的影响和制约。我国竞技体育举国体制在计划经济时期创造了举世瞩目的辉煌，但随着我国社会的渐进式改革，市场经济体制的逐步确立，原有的管理体制在计划经济退出历史舞台时也面临着转型和变革。

"制度设计缺失、管理失误、立法滞后、无法可依、有法不依等。"这是国家体育总局原政法司司长、现任中国足球运动管理中心主任张剑在 2012 年 5 月"环渤海体育法学论坛上"发表的讲话《关于我国足球治理问题的若干思考》中的阐述。这一现象不仅存

---

① 参见张显军、种莉莉：《我国体育管理体制现状及 2008 年奥运会后改革趋势》，《体育文化导刊》2006 年第 7 期。

在于足球领域,也是我国竞技体育管理中典型现象的浓缩。当前管理,对竞技体育教练员自身的价值界定模糊,甚至忽略了教练员所具备的资本价值,从而影响了教练员自主提升无形资产的积极性,在培训学习和规划个人发展等问题上,缺乏主动性,导致教练员队伍素质难以快速提升。其次,当前人事管理体系,条块分割严重,使人才资源内部流动较为通畅,但在外部流动问题上则关卡重重,限制了教练员在不同区域之间的合理流动、合理配置,无法充分发挥自身价值,不能按市场价值获得个人回报,从而也制约了教练员内在动力的发挥,没有充分激发其自主提高业务素质的积极性。

在我国从计划经济体制向市场经济体制转变的过程中,教练员的管理也应逐步由计划经济时期国家单一的统管体制,向以社会参与、市场配置为主的体制转变。市场机制在教练员人力资本的衡量、人力资源的流动和配置过程中应发挥出越来越重要的作用,以实现人才效用的最大化。但当前我国教练员管理处于计划经济向市场经济的过渡期,我国推行的大部分教练员管理制度是以计划经济体制下的需求为导向制定的,虽然一系列的改革举措相继出台,但由于对计划经济体制下所形成的教练员管理体制的惯性依赖,使得现行教练员管理体制与社会政治、经济的转型及竞技体育发展需求没有达成更高的契合度。体制的问题导致了在竞技体育教练员的管理中组织和职权划分方面存在不当,条块分割、各自为政的格局难以避免,以致横向的协作难以嵌合,同时也难以形成顺畅的自上向下的管理渠道。对于教练员管理和使用的不科学是制约中国竞技体育事业进一步发展的"瓶颈"。组织、制度的不健全,不仅阻碍、限制了人才的合理化开发、培养、配置、流动和竞争,也限制了人才的正常发展,使人才的积极性、创造性难以充分发挥,这将直接影响甚至阻碍教练员的科学化管理和可持续健康发展。

第六章　我国竞技体育教练员管理的影响因素分析

影响我国竞技体育教练员管理的因素很多，按照系统理论的因素分类，从组织的角度出发可把影响我国竞技体育教练员管理因素分为内部因素和外部环境两大类。

第一节　我国竞技体育教练员管理的内部因素分析

我国竞技体育教练员管理的内部因素主要是指影响教练员管理的道德观、价值观和行为方式等方面的组织内部因素，它主要包括竞技体育教练员管理的思想理念、竞技体育管理体制、竞技体育组织文化以及教练员队伍发展的规律等因素。

一、管理思想对竞技体育教练员管理具有决定性、指导性的影响

管理思想就是人们在社会实践中对管理活动的思考所形成的观点、想法和见解的总称。它是人们对管理实践中种种社会关系

及其矛盾活动自觉的、系统的反映。管理理念决定了管理者在实际管理实践中所采用的管理指导思想、管理方式等,所以在竞技体育教练员管理中有着至关重要的影响。在竞技体育教练员管理中,下述管理思想对教练员的管理有着重要的影响。

(一)系统的管理思想

系统的管理思想即系统的管理观念,它是指管理者自觉地运用系统管理理论和系统方法,对教练员管理进行系统分析,旨在优化教练员管理的整体功能,取得较好效果的一种管理思想。系统的管理思想影响着竞技体育教练员管理的科学化和系统化。

目前,我国教练员管理涉及教练员的各个方面以及教练员团队,尤其是对教练员团队的管理更应该重视系统的管理思想,通过树立系统的管理思想做到以下几个方面:

1. 团队的整体观念

教练员团队是由各种任务分工的教练员组成的有机体,教练员之间要相互配合与协作,相互影响与制约,通过管理在功能上要达到“1+1>2”,即整体功能大于各部分之和的效果。

2. 教练员管理的动态与开放观念

遵守教练员发展的客观规律性,做好不同时期教练员的各方面工作,充分分析环境与条件的不确定性,对教练员进行动态的、开放性的管理。

3. 教练员管理的层次观念

通过对教练员进行分类、分级、分层,进行分类层次化管理。对不同的层次和类别的教练员赋予不同的权力和责任。在教练员的使用上要能级相称,使人尽其才,物尽其用。系统的管理思想对教练员的科学化管理提供了科学理论依据。

（二）以人为本的管理思想

人本观念是指在管理实践中一切从人出发，以调动和激发人的积极性和创造性为根本手段，以达到提高效率和人的不断发展为目的的一种思想观念。坚持以人为本的思想做好教练员的工作，对提高教练员的积极性和主动性具有非常重要的作用。

首先，树立人才第一的观念。这是人本观念应树立的基本观念，因为教练员是关系到竞技运动保持高水平和持续发展的首要因素、关键因素和决定因素。正如史书所讲的“国以人为本”“得人者得天下”，所以要把教练员作为重要的人力资源进行管理。

其次，要树立尊重知识、尊重人才的观念。欲让教练员在工作中有成就感、归属感，就要给予他们充分的尊重，才能激发他们工作的激情与热情。

最后，要树立以人的不断解放和全面发展为管理中最高追求目标的观念。这也是高层次的人本观念。通过对教练员进行定期与不定期、短期与长期培训不断提高教练员自身的素质，促进教练员的全面发展，对竞技体育水平的全面提升具有重要的现实意义。

（三）和谐的管理思想

和谐是不同事物之间相辅相成、互助合作、互利互惠、互促互补、共同发展的关系。和谐的管理思想就是在教练员管理中建立和谐的人文环境，促进教练员之间以及与其他人员之间和谐发展的一种管理思想。

在人与人的关系上，和谐的管理思想提倡宽和处世，协调人际关系，创造“人和”的人际环境，追求以形成和谐的人际关系为主题的人文环境。教练员是生活在现实中的人，除了与运动员相处之外，还要与更多的其他社会人进行交往，从而耗费大量的精力。和谐的人际关系有助于教练员保持较好的心理状态，有助于教练员把更多的精力和时间用于竞技体育训练。

在心与身的关系上，和谐的管理思想主张人之身心和谐，保持平和、恬淡的心态，正确处理伦理与欲望的关系。在肯定教练员对物质利益正当追求的同时，应当肯定教练员在其他方面的正当需求，因此，要积极引导和鼓励教练员加强知识理论的学习，培养科学的世界观与价值观，养成良好的社会和职业道德，为运动员树立表率。

（四）权变的管理思想

权变是指权宜应变，权变思想是指一个组织在变化的条件下和特殊的环境中，采用适用的管理方式和管理方法的一种管理思想。

这种指导思想告诉我们，管理没有一成不变的模式和方法，要用合理的管理方法把握内外部环境和条件变化，做到随机应变。教练员所处的环境与条件是可变的、动态的，要求管理者根据环境与条件的变化，结合客观实际对教练员的管理作出相应的调整。

如在管理模式的采用上，有些国家队某个周期拥有专业或科研权威性极高的教练或领队，该周期可能就要实行队委会领导下的教练或领队负责制，没有权威核心人员可能就会选择队委会领导下的分工负责制。2005 年 1 月，国家体育总局竞技体育司对 40 个国家队的调查结果表明，目前国家队共有 8 种管理模式，其中采取队委会（集体）领导下的分工负责制模式的比例最大，占 47.5％，领队领导下的队委会负责制和领队、主教练分工负责制比例最小，仅占 2.5％。[①]

---

① 参见王凯珍等：《国家队管理模式的研究》，《北京体育大学学报》2006 年第 10 期。

二、竞技体育管理体制决定着竞技体育教练员管理的性质

竞技体育管理体制是竞技体育管理的机构设置、权限划分、运行机制等方面的体系和管理制度的总称。竞技体育管理体制具体地体现在负责竞技体育事业的领导机构和组织，它们之间的隶属关系和职责范围以及由它们所制定和实施的各种有关规章制度和措施。此外，还表现为这些组织和机构的运行方式、管理方式和控制手段。竞技体育管理体制决定了竞技体育管理的模式以及管理方式的采用，也决定了对教练员管理所采用的管理方式等，有什么样的竞技体育管理体制就会有与之相应的教练员管理模式。

对原有体制的路径依赖是影响教练员管理的重要因素之一。“路径依赖”(Path-dependence)是道格拉斯 · C. 诺斯将人类技术演进过程中的自我强化现象推广到制度变迁方面的新解释。他认为制度变迁和技术变迁一样存在自我强化机制。这种机制使某种制度一旦形成，就会在以后的发展中不断自我强化，难以创新。

(一)竞技体育管理组织结构

我国竞技体育管理组织结构主要是指国家行政部门及其所属的单位组成的体系。从国家的角度来看，形成了国家体育总局为决策领导核心，各运动项目管理中心为执行机构，各国家队为基本实施单元的纵向结构。各地方按照组织建设的原则和要求，也基本参照了这种模式。从体系结构上看，教练员的管理与使用在国家队的范围内，自 1985 年以来，国家队基本采用了集体式的管理模式——队委会制度，但是各运动项目的队委会制度有所区别，有些是采用队委会领导下的总(主)教练负责制，有些则采用队委会领导下的领队负责制，还有些是队委会领导下的二元制(领队和主教练员共同分工管理)。可以看出，教练员的管理基本上采用了团

队式管理模式。

（二）竞技体育管理制度

自1995年国家颁布了《体育法》以来，体育行政部门日趋重视体育方面的法规建设，针对教练员管理方面的法规也日益增多。有关于国家队组建方面的，有关于教练技术等级制度的，有关于教练员评聘方面的，有关于教练员考评方面的，有关于教练奖励方面的，这些都从不同的侧面保障了我国竞技体育教练员管理日趋走向法治化，既保障了教练员的权益，又促进了教练员的全面发展。因此，制度建设对教练员管理的影响是深远的。

（三）竞技体育管理权限划分

从国家的角度来看，国家体育总局和运动项目管理中心对教练员拥有人事管理权限，各运动项目中心和国家队对教练员拥有人事使用权，由于不同国家队管理模式不同，管理权限的划分也不同，采用总（主）教练负责制的模式，教练员拥有更大的权限。

（四）竞技体育管理运行机制

在竞技体育管理体制下，国家管理教练员采用了多种运行机制，通过人事体制改革与完善，建立了以贡献和成绩为核心的竞争机制，有力地提高了教练员的自主性；通过建立和规范各种经济奖励制度，建立并运行了良好的激励机制，激发了教练员的工作热情；通过考评制度、培训制度、评聘制度，建立并运行了良好的风险机制，促进了教练员不断进取的精神。

三、组织文化影响着竞技体育教练员管理的人文环境

体育组织文化包括人们对体育、体育机构、体育政策和体育的

执行者,诸如体育教师、裁判员、教练员、运动员、经纪人等的各种认识、价值观念、态度和信仰。[①] 建立竞技体育组织文化的目的在于统一组织内部成员的世界观、价值观、道德观等,进而在实践中采取统一的方式,为实现组织目标提供良好的人文环境。

(一)良好的组织文化有助于促进认知的统一

在竞技体育组织中形成良好的组织文化,有助于教练员在组织文化的熏陶下形成对体育的客观统一认知、价值观念、态度和信仰,对教练员从事运动训练工作产生认同感,使教练员能够更好地理解竞技体育发展的目标与宗旨,也通过组织目标来实现自身对体育事业的追求,获取成就感。

教练员通过对竞技体育组织和法规的认知,有助于教练员在实践过程中对竞技体育组织形成相应的依赖感和归属感,有很多的国家队教练员都有这样的一种共识——以队为家。通过相应的政策法规的解读,使教练员充分了解国家发展竞技体育的战略、对他们的要求以及国家在各个方面对他们的肯定,从而逐渐形成“以身报国,以队为家”的观念。

(二)良好的组织文化有助于形成和谐的人际关系

在组织中积极推广与倡导和谐社会发展的科学理念,并把它贯彻与融合到组织文化中。教练员作为社会人,需要人际交往,人际交往是协调人与人及人与集体的关系,形成集体合力的纽带。而一个良好的集体,能促进教练员优良个性品质的形成。如正义感、同情心、乐观向上等,都是在民主、和睦、友爱的人际关系中成长起来的。良好的人际关系还能够增进教练员集体的凝聚力,成

---

① 参见罗金满、曹兵:《中国转型期体育组织文化研究》,《山东体育学院学报》2004 年第 5 期。

为集体中最重要的教育力量。和谐的人际关系，是光明正大的同志关系、健康有益的朋友关系、平等友爱的上下级关系。因此，在组织中形成和谐的人际关系，既是对传统美德的弘扬，也是构建和谐社会的需要。

（三）良好的组织文化有助于形成良好的体育道德风尚

社会主义体育道德包括体育道德的基本原则、范畴、理想、信念、行为和品质以及体育道德的评价等。社会主义体育道德可以帮助教练员形成良好的风气，而风气是教练员精神风貌的一种具体体现。一种社会风气形成之后，具有一定的能动性和稳定性，它能渗透到竞技体育组织的每个领域，影响着教练员的言行。

体育职业道德是同人们的体育职业活动紧密联系的、符合职业特点要求的道德准则、道德情操与道德品质的总和。体育职业道德是教练员在职业生活中应遵循的基本道德，它包括教练员从业的职业品德、职业纪律、专业胜任能力及职业责任等方面。教练员的职业道德属于自律的范围，它通过公约、守则等手段对职业行为的某些方面加以规范。它既是教练员在职业活动中的行为规范，又是行业对社会所负的道德责任和义务。中华人民共和国体育运动委员会于 1981 年颁布的《教练员守则》，对教练员的职业道德提出了明确而具体的要求。

通过竞技体育组织文化的建设，形成良好的体育道德和教练员职业道德，可促进教练员的自律行为，培养良好的社会风气，可以较好地规范教练员的行为，从而使教练员在组织文化的熏陶下形成积极上进、勇于奉献、开拓进取的世界观和道德观。

四、教练员队伍发展的规律影响着竞技体育教练员管理模式的采用

我国竞技体育教练员队伍经历了一个从无到有、由弱小到逐步强大的历史变迁过程。与其他国家一样，在这一过程中，它有着自身的发展规律，而这一规律对教练员的管理有着深刻的影响。当教练员管理符合这一规律时，能促进教练员队伍的快速发展和健康成长；否则，将制约教练员队伍的发展，进而影响到国家整个竞技体育的发展。

中华人民共和国成立初期的竞技体育重视运动员的先天素质，而教练员大多更像陪练，教练员大多来源于优秀的退役运动员，他们具有非常好的运动训练技术，极大地推动了国家竞技体育水平的提高。随着社会的发展、科学研究的不断进步，运动极限的提出使人们认识到，要取得更高的竞技成绩仅仅靠单独的技术训练是远远不够的，多学科交叉研究，新材料不断应用到竞技体育竞赛中，虽然对比赛成绩的提高有所帮助，但依然没有解决运动训练的核心问题。1990 年的亚运会使我国竞技体育管理意识到教练员团队的缺位，从此运动队开始配备心理教练，随后又配备了科研教练等，复合型教练团队的采用使我国竞技体育真正走向科学化训练，也极大地提高了我国竞技体育的水平和实力。

伴随着我国竞技体育的发展、运动项目的日益增多，教练员队伍不断壮大，各项目的教练员由单个个体逐步向教练员团队发展，这就要求对教练员的管理要从个体化管理转变到加强团体化管理上来，才能充分发挥教练员资源与其他资源协同的优势，并通过互补增强团队的战斗力。

第二节　我国竞技体育教练员管理的外部因素分析

一、我国竞技体育教练员管理的环境因素

（一）一般环境及其分类

环境是指围绕着某一事物并对该事物会产生某些影响的所有外界事物。人们通常习惯上把环境分为两大类：自然环境和社会环境。

自然环境，亦称“地理环境”，是指环绕于人类周围的自然界。它包括大气、水、土壤、生物和各种矿物资源等。自然环境是人类赖以生存和发展的物质基础。

社会环境是指人类在自然环境的基础上，为不断提高物质和精神生活水平，通过长期有计划、有目的的发展，逐步创造和建立起来的人工环境，如城市、农村、工矿区等。社会环境的发展和演替，受自然规律、经济规律以及社会规律的支配和制约，是人类物质文明建设和精神文明建设的标志之一。

（二）竞技体育教练员管理的环境及其分类

竞技体育教练员管理的环境是指竞技体育教练员管理赖以存在和发展的各种因素的总和。它是影响竞技体育教练员管理活动的重要因素，主要包括竞技体育教练员管理外部环境和系统内部环境两部分。

竞技体育教练员管理环境对竞技体育教练员管理的影响主要表现在两个方面：一是竞技体育教练员管理环境直接决定着竞技体育教练员管理的性质，即决定着竞技体育教练员管理主体、客体

和体育管理目标的性质；二是竞技体育教练员管理环境直接决定着竞技体育教练员管理的管理方法、方式和手段的采用与实施。

竞技体育教练员管理的外部环境包括自然环境和社会环境，由于自然环境对我国竞技体育教练员管理的影响较小，所以在我国竞技体育教练员管理的环境因素分析中，主要分析社会环境。而社会环境主要包括一般社会环境和特定社会环境。

1. 一般社会环境

一般社会环境是指存在于竞技体育教练员管理之外的，对其他系统也产生影响的一切因素。其内容主要包括：一是政治环境，即影响竞技体育教练员管理的国家政治意识形态、方针、政策和政府机构及其行为；二是经济环境，即政府的经济政策、财政、税收、金融、劳动力、价格水平、人民的生活水平、经济发展的规模水平与程度等；三是社会环境，即社会制度、政治经济体制、社会道德、伦理、价值观念、行为方式和习惯等；四是技术环境，即为竞技体育教练员管理所能提供的技术设备、技术方法和手段等；五是法律环境，即国家制定的各种法律、法规和制度等；六是自然环境，即地理位置、气候、自然资源、人口、交通等；七是文化环境，即传统文化、历史背景、国民素质、教育发展的程度与规模、思想意识形态等。

2. 特定社会环境

特定社会环境是指与实现竞技体育教练员管理目标直接相关的环境因素。它对竞技体育教练员管理的性质和具体功能的发挥具有直接和重要的影响。竞技体育教练员管理的特定社会环境按照对其影响的程度，主要包括国家的政治和经济体制、经济的发展程度与规模、竞技体育发展的程度与规模、民族文化与传统等。

二、影响我国竞技体育教练员管理的社会环境分析

(一)国家政治、经济体制

首先,体育管理体制是国家政治、经济体制在体育领域中的具体体现和延伸,它具有同国家政治、经济体制同样的社会性质,有什么样的体育管理体制就必然有其相应的教练员管理范式,也就是说国家的政治、经济体制间接决定了竞技体育教练员管理的性质。其次,国家政治、经济体制决定了体育管理体制中权力的分配方式、管理制度的性质和利益分配形式,从而决定了体育管理体制改革的方向。体育管理体制改革是否与国家的政治、经济体制改革相吻合、相适应,是衡量体育管理体制改革合理性、科学性的主要标准。当国家的政治、经济体制发生变化时,体育管理体制也应该与之相协调、相适应。① 那么,作为体育管理体制一部分的竞技体育教练员管理改革也必然要服从于体育管理体制改革的大局,更要服从于国家政治、经济体制改革的大局。②

教练员的人事管理以及各项管理制度服从于国家政治、经济方面的管理制度,国家有关政治、经济方面的政策和措施必然影响到教练员管理的各个方面。教练员的人事管理属于国家事业编制,国家政治体制中的人事改革必然会影响到教练员的人事管理。在市场经济体制下,分配制度的改革也必然影响到教练员的利益分配。

① 参见张显军、种莉莉:《我国体育管理体制现状及 2008 年奥运会后改革趋势》,《体育文化导刊》2006 年第 7 期。

② 参见张显军、种莉莉:《我国体育管理体制现状及 2008 年奥运会后改革趋势》,《体育文化导刊》2006 年第 7 期。

(二)国家经济发展的程度

经济是体育发展的基础,国家经济发展的程度与规模对竞技体育教练员管理有着深刻的影响。经济基础决定上层建筑,教练员管理体制属于上层建筑的范畴,因此,其确立和发展与本国的经济基础密不可分。不同的历史时期,经济发展程度与规模影响着体育的发展程度与规模,也影响着竞技体育教练员管理的表现形式和管理方式。此外,竞技体育教练员管理的发展过程中也有其独特的经济功能,但这种经济功能的实现必须以国家经济发展为前提和基础。由于社会主义国家的特殊国情,当国家经济发展水平较低、规模较小时,竞技体育教练员管理往往以行政管理为主,竞技体育教练员享受国家事业编制的社会福利;而当国家经济发展程度较高时,教练员的管理也将随体制改革转变为依托行政管理方式,以法律、法规为保障,以经济方式为主的管理模式,使教练员的社会福利待遇有所提高。因此,国家经济发展的程度与规模影响了教练员管理的模式与方法,也影响了竞技体育教练员的社会福利状况。

(三)竞技体育自身的发展程度

体育是没有阶级性的,但体育管理是有阶级性的。我国竞技体育的发展也经历了一个从无到有、从弱到强的发展过程,当体育发展到一定程度和规模,国家就会对其附之以政治形态,用直接或间接的行政手段进行干预。作为国家竞技体育管理一部分的竞技体育教练员管理,也会随着竞技体育的发展而发展,经历一个由不重视到重视、由重视个体到重视团体协作的过程。在这个过程中,对个体而言,由开始的重视教练员的个人竞技水平到重视教练员素质的全面发展,通过对竞技体育教练员的不断培训就说明了这一点,可以看出国家在竞技体育发展中不断深化教练员的管理。

就竞技体育教练员队伍而言，从国家实施主教练负责制开始，对教练员团队的建设就给予了重视，从国家队出现队医，进而出现心理教练再到科技教练，教练员团队的体系建设日臻完善，从广度上拓展了教练员队伍领域。所以说随着竞技体育的不断发展，推动竞技体育教练员的管理也向广度与深度两个方面延伸。

（四）民族文化与传统

民族文化与传统是一个国家和地区精神文明的历史沉淀。它深刻地影响着国民的世界观、价值观及思维模式和行为方式。一个国家的国民素质、行为修养不仅受该国政治、经济的影响，而且从根本上讲是深受其民族文化与传统的长期积淀和浸润所养成的。竞技体育教练员管理主要是对人的管理，不同的管理者受民族文化与区域社会传统的影响会形成不同的思维观念和处世方式，从而在根本上影响着对竞技体育教练员管理的理念和价值观念，进而影响着管理的方式和内容。

第七章　我国竞技体育教练员管理体系的构建

胡锦涛总书记在十八大报告中提出："着力把握发展规律、创新发展理念、破解发展难题，深入实施科教兴国战略、人才强国战略、可持续发展战略，加快形成符合科学发展要求的发展方式和体制机制。"[①]这段话为中国社会进一步深入改革作出了重要指引。

社会是不断发展变化的，新事物、新现象不断涌现。因此，管理不能一成不变。江泽民总书记说："创新是一个民族进步的灵魂，是国家兴旺发达的不竭动力。"创新是一种理念，更是组织生存发展的内在要求。唯有不断创新，才能在竞争中处于主动，并立于不败之地。在当今社会，可以说"变革不仅无所不在，而且还持续不断，这已成了常态"[②]。

管理创新即是为了适应内外部环境的变化，不断提高管理的科学性和有效性而作出的一种选择。在这里，管理创新是个广义的概念，它包括管理理念、组织结构、管理制度、管理文化、管理流

---

① 《胡锦涛在中国共产党第十八次全国代表大会上的报告》，新华网，2012 年 11 月 17 日。

② 周三多、陈传明：《管理学》，高等教育出版社 2010 年版，第 209 页。

程以及协同机制等方面的创新。管理创新可以是全部管理要素的创新,也可以是部分管理要素的创新。

行政型管理使中国竞技体育长期以来形成了几乎无与伦比的资源调动和整合的能力,使我们在短时间内取得了举世瞩目的辉煌成就。但随着我国从计划经济体制向市场经济体制的过渡,原有的竞技体育管理体系在新的环境和新的挑战下逐渐显露出各种弊端。社会转型所带来的巨大变化,使原有的竞技体育教练员管理理念、体制机制等呈现出明显的滞后,亟须创新和完善。

一个国家的体育管理体系深受本国政治、经济、文化以及历史传统等诸多因素的影响,它的改革和完善需要基于社会各领域发展、成熟的状况,同时又要具有前瞻性。在未来激烈的国际竞争环境下和全球一体化进程中,我们既需要继续发扬传统优势,也要吸取他国的宝贵经验,既不能照搬西方的管理模式,也不能在原有管理模式下止步不前。锐意创新、不断完善,方能立于不败之地。针对竞技体育教练员管理中出现的各类新问题、新现象,在十八大理论的指引下,综合考虑教练员管理的各层面影响因素,基于对当前我国竞技体育教练员管理现状的思辨,依托我国国情和国外教练员管理的先进经验,构建社会转型背景下更符合我国竞技体育未来发展需要的竞技体育教练员管理体系。

《辞海》将“体系”解释为:若干有关事物或思想意识互相联系而构成的一个整体。在管理体系的构建中,管理理念指导着体系的构建,组织架构是体系构建的基础,职能权益的划分、制度的制定以及运作机制的建立是达成组织目的的保障。管理理念、组织架构、管理制度、职能权益划分、运行机制等共同构成竞技体育教练员管理的体系。本书将从上述五个方面,尝试对我国竞技体育教练员管理体系进行创新构建。

第一节 竞技体育教练员管理理念的构建

自20世纪70年代末、80年代初迄今，公共行政改革的潮流席卷全球，各国纷纷步入“公共行政改革的新时代”。而改革的先导是管理理念的不断转变与创新。“思想解放是社会变革的前提，理念创新是一切创新的先导。”[①]管理理念指导和规范着管理实践，作为公共事业管理有机组成部分的竞技体育管理，也需要以管理理念的转变指引管理变革的开展。只有正确的管理理念，方能引导我国竞技体育管理体制和运行机制更好地与国际接轨，适应国际竞争需要，逐步完善竞技体育教练员管理，提高管理效率，实现管理的科学化、民主化、法治化和现代化，建立适应社会主义市场经济要求的具有中国特色的管理体系，更好地为我国体育事业服务。

管理理念在最深刻的层面上决定着管理理论的建构与发展，它是隐匿在管理理论中的理论前提或逻辑支点。[②] 自以泰罗为代表的科学管理理论产生以来，管理理念已成为管理理论中不自觉的或无条件的理论前提。管理理念体现着管理中的价值观、利益观，指导着组织的设计、制度的制定、权益的划分、管理的流程，它不仅要满足不同层次的需求，最重要的是能促进组织终极目标的达成。

由于路径依赖原理，存在多年的体育管理理念具有很强的惯性作用，难以走出原有的樊笼，加上社会力量还难以独立支撑我国竞技体育事业，因此，变革需要循序渐进。我国社会改革采取的是

① 贾凌民：《21世纪的公共管理：政府管理理念转变与创新》，《中国行政管理》2004年第6期。

② 参见侯桂凡：《以人为本的管理理念》，吉林大学博士学位论文，2006年。

自上而下的、渐进式的、以政府为主导的模式，竞技体育教练员管理的变革应与我国社会整体改革的节奏合拍，因此，竞技体育教练员管理体系的改革和完善也应是一个逐步推进的过程，不可操之过急。此外，要深入贯彻简政放权、服务为先的理念，让更多的社会力量参与到教练员的管理中来，以持续创新的理念，让教练员管理尽快走向市场化、规范化和法治化。

一、整体协同的理念

整体协同的管理理念，即系统论指导下的整体管理观。任何管理体系都是由若干单元或要素组成的系统。对其进行管理，就应该根据系统本身运行的客观规律，协调各环节、各模块之间的关系，减少系统内耗并促使各子系统协同合作，以使大系统的功效得以提升。

教练员管理是一项复杂的系统工程，需要多个部门、不同层级的共同合作。因此，应从系统管理的角度，把教练员管理的各个单元视为一个大的整体，在构建管理体系时，要注重各单元之间的横向匹配和纵向疏通，探索教练员管理环节之间有效协同的方法和途径，使教练员管理的各个环节由以往分散、各自为政的状态，变为统一的相互联系、相互制约、相互促进的关系，以整体最优的合作模式，最终达成整个大系统的预定目标。

二、多方参与、多样管理的理念

《国务院关于第六批取消和调整行政审批项目的决定》明确提出："凡公民、法人或者其他组织能够自主决定，市场竞争机制能够有效调节，行业组织或者中介机构能够自律管理的事项，政府都要退出。凡可以采用事后监管和间接管理方式的事项，一律不设前置审批。”这两个“凡是”对我国改革转型具有极为重要的意义。将管理“回归”社会是公共事业管理的核心理念，社会组织和公众参与是社会管理核心理念的直接贯彻与体现。因此，未来的竞技体育教练员管理也应顺时应势，国家体育总局、各省市体育局人事部门应逐步退出竞技体育教练员的管理，改由专门组织负责。使竞技体育教练员管理由原体制内的事业编管理模式逐步走向市场经济体制下的职业化管理模式，由传统的人事管理向人力资源管理转变。在充分发挥政府主导作用的基础上，同时发挥多元主体在教练员管理中的协同、互助作用，并激发教练员和相关组织的自治、自律意识，整合社会管理资源，形成多元管理结构。让政府回归公共服务，教练员管理回归社会本位。

随着社会力量的不断注入，原有的单一的行政型管理组织逐渐走向多元化管理组织，管理手段单一的局面势必要被打破。在运用行政手段进行管理的同时，将更多地运用法律规范、经济调节、道德约束、心理疏导、思想政治教育、舆论引导等手段，使竞技体育教练员管理走向规范化、市场化、契约化和法治化。

三、法治为主的理念

《牛津法律大词典》将“法治”的含义界定为：指所有的权威机构、立法、行政、司法及其他机构都要服从某些原则，这些原则一般被看作是表达了法律的各种特性，如正义的基本原则、道德原则、公平和合理诉讼程序的观念，它含有对个人的至高无上的价值观念和尊严的尊重。① 上述界定中体现了两个方面的含义：一是限制和规范政府机构的权力；二是充分保护和尊重公民的权利。

现代政府应该是一个限权政府，有所管，有所不管，合理界定

---

① 参见徐红、赵萍丽：《比较政治制度》，同济大学出版社 2009 年版，第 58 页。

管理范围和权限，放手让社会组织更多地去管理，政府只是起到指导、监督的作用。在逐步从行政型管理转向行政组织与社会组织共同管理的过程中，法治更是不可或缺。法治政府不仅规范和限制政府在社会管理中的职权，更可以确保社会组织在法规的约束下有序地开展社会事务的管理。

我们曾经通过“人治”在竞技体育管理领域创造了辉煌的成绩。但随着社会的不断发展和经济体制的转型，法律的不健全、第三方监管机构的缺失，导致我国竞技体育教练员管理中出现了无法可依、有法不依等现象，阻碍了教练员管理的健康发展。加上网络时代的到来，信息传播的迅捷，使社会管理更加透明、更趋公正，民众对公平、民主的诉求也日益高涨。法治不仅是一种治国潮流或国际趋势，更是符合中国国情的明智之举和科学发展之必然。按照儒家“贵和尚中”的管理思想，我们可以走出一条人治和法治相结合的具有中国特色的道路。

四、服务为先的理念

新时期政府既要推动以稳定、参与、公开、透明、法治为目标的全社会的民主治理，也要努力推动以简政、分权、效率和服务为目标的自身民主治理。[①] 强化“服务型”管理理念，即寓管理于服务之中，在服务中实施管理，在管理中体现服务。由以往的行政命令式管理走向合作服务型管理是社会改革的大势所趋。但在我国竞技体育教练员管理领域，服务理念的应用度还相对较低，各级、各类竞技体育教练员管理机构的服务意识相对较差。

服务于教练员的发展也就是服务于我国竞技体育的可持续健康发展。因此，在未来教练员的管理中，应更多地注重为教练员提

---

① 参见俞可平：《中国模式：经验与鉴戒》，爱思想网，2005年9月16日。

供各类服务，不仅在训练工作方面提供服务，还要为教练员个人更好发展提供服务。职业资格管理组织，不论是当前由人力资源开发中心下属的各级职业技能鉴定机构负责，还是未来由各项目单项协会负责，都当属服务机构，以服务教练员的理念开展工作——为训练机构选拔合格教练员服务，也为职业市场输入更多的优质教练员资源服务。而职业市场，负责提供用人单位与人才之间的供求服务。训练机构也应树立为教练员服务的理念，这也是未来人力资源管理的趋向。

五、立足全球的理念

全球化是一个整体性的社会历史变迁过程，它是民族化与国际化的统一。在竞技体育走向全球化的今天，其在世界范围内产生着一种内在的、不可分离的且日益加强的相互联系。这种联系使各国在竞技体育管理中不能再闭门造车，因此，中国的竞技体育教练员管理也应立足全球去考量和设计。

面对国际社会全球治理的趋势，我国竞技体育教练员管理理念的全球化，不能仅仅着眼于与国际接轨，更重要的是应使我国竞技体育教练员管理模式具备优越性和先进性，并参与国际规制的制定，在全球治理进程中掌握主动权。

未来竞技体育教练员的管理工作不应再立足于国内、地区内或者项目内的管理，要打破原有的路径依赖和区域利益观念，立足全球重新定位我国竞技体育教练员管理理念，以培养具有国际水准的教练员人才为宗旨，在保持自身管理特色的同时，借鉴国外教练员管理的理念、文化、制度和措施等，结合我国国情，设计和实施教练员管理。与国际接轨的管理模式，可以使更多的教练员依托国际体育平台，提高自身实力，并获得更广阔的发展空间。教练员水平向国际化标准的迈进，又可大幅度提高很多非奥运项目、非优势项目的水准，从而带动这些项目走向国际舞台。以竞技体育教练员管理的改进，推进我国竞技体育整体目标的达成。

六、以人为本的理念

人的管理是现代管理中的核心问题，管好了人，很多问题便迎刃而解。而在竞技体育诸多的“人”中，教练员是核心人力资源之一。教练员的可持续发展是我国竞技体育可持续发展长效机制形成的基础。因此，应树立科学的人才发展观，重视教练员人力资本的提升，实现组织与人才的共赢。

社会的发展推进管理方式的变革，对人才的管理由过去单一的管理方式正逐步走向多元化、多层次、全方位服务的管理模式。尤其是知识经济时代的到来，促使以人力资本为主导的人力资源管理模式应运而生。与传统人事管理相比，新的管理模式更重视员工与组织的共同发展，更加注重人的价值及这种价值的可持续提升。竞技体育教练员的管理也应跟上社会发展的步伐。

当前，除部分走市场化道路的试点项目之外，大部分竞技体育项目的教练员管理依然停留在传统的人事管理模式中。应从传统的人事管理中走出来，充分认识到人才资源是第一资源，以提升教练员人力资本为目标和宗旨，逐步引入现代人力资本管理的技术和手段，对如何完善教练员培养开发、评价发现、选拔任用、流动配置、激励保障等方面的问题进行深层次思考和探索。教练员人力资本的提升，可为组织发展提供最有价值的资本，是确保组织长远发展的基石。因此，要兼顾竞技体育组织的发展和竞技体育教练员的可持续发展，要重视教练员人才的使用，更要重视教练员人才的培养和开发，方能实现组织与人才的双赢。

此外，树立以人为本的管理理念，需要更加尊重人才的价值以及价值的归属，要重构市场经济体制下的价值观念。当前我国教练员的管理中，依然以集体利益重于个人利益为指导理念，认为个人是集体的一部分，个人成绩是集体共同努力的结果，而不是个人成果。个人人力资本边界模糊，对于教练员人力资本的所有权、使用权和收益权等方面没有清晰的界定，因而在利益分配上出现各类矛盾和冲突，在激励机制上，也无法充分调动教练员的积极性和主动性。

解决竞技体育教练员管理中的问题不是终极目标，实现我国竞技体育可持续健康发展的战略目标才是终极目标。围绕这一终极目标，必须树立可持续发展的、科学的人才观，着力于提升未来资本竞争中最重要的人力资本，方能构建出卓有成效的竞技体育教练员管理体系。

七、持续创新和发展的理念

任何管理模式都不能一成不变，都需要根据不同时期的具体需求而不断改进。按照创新管理理论，未来管理的创新将是全要素创新、全员创新和全时空创新。竞技体育教练员的管理也需要根据国际、国内形势的变化不断调整、完善。这就要求我们具备与时俱进、持续创新的精神，主动应对新环境、新实践的挑战，不断地探索教练员管理的新模式、新方法、新手段，使教练员管理体系保持生机与活力。比如，应在教练员管理中引入更多的当代技术成果。电子信息平台是推进组织改革的重要载体，没有电子化的手段就难以实现流程的优化、跨部门的互动与资源的共享。现代信息技术的发展使人力资源管理领域，尤其是 E-HR 领域，由原来单一功能迈向复合功能，并构建出人力资源管理的广阔平台——人力资源管理信息系统。这一系统将逐渐发展成决策支持系统，让管理中各要素由被动反应逐步实现整合，人员的选、育、用、留等环节可以通过资源共享做出更合理的规划。

此外，教练员管理要保持持续发展的理念。英国、德国的教练员都是每 3 年进行一次考核，以重新认定执教资格，以此促进教练员不断更新知识。我们现有的教练员职称管理属于终身制，未来应采用“终身教育”取代这一制度，以确保教练员的知识和能力不断更新，人力资本得以持续增长。

八、重视效能的理念

不管是在泰勒的科学管理时代，或是梅奥的行为科学时代，还是当今系统管理时代，所有理论研究和实践活动都是围绕着一个中心即高效率来进行。[①] 卓有成效的管理表现为不断降低的成本加上不断提高的效能。随着竞技体育逐步走向职业化和市场化，未来竞技体育教练员管理体系的改进必须面向市场转变运行机制，提高管理效率和管理质量。

应以提高管理效率为宗旨，打破部门壁垒、区域壁垒，废除原有的多重管理，实现管理组织横向和纵向的畅通合作。随着大部制改革的深入和广泛，竞技体育教练员管理领域也应从效能理念出发，更好地整合管理资源，力求机构精简、环节精简、人员精简，以实现更高效能的管理。比如，在重新构建教练员管理的组织体系时，组织结构设计要具备有效性、灵活性、适应性、创新性，有利于资源的开发利用、整合与协调。[②]

---

① 参见曾凡清:《试论服务型政府管理理念的创新》,《中共郑州市委党校学报》2009 年第 6 期。

② 参见赵晶、闫育东:《我国“后奥运时代”体育管理组织结构的优化构想》,《上海体育学院学报》2008 年第 5 期。

第二节　竞技体育教练员管理组织的构建

我国大部制改革始于2008年，中央及各地开始采取一系列措施推行大部制改革。2012年11月，胡锦涛总书记在党的十八大报告中再次提及大部制，要求“稳步推进大部门制改革，健全部门职责体系”。2013年，新一轮大部制改革翻开了组织改革的新篇章。大部制即为大部门体制，即在部门设置中，将那些职能相近、业务范围趋同的部门，集中由一个部门统一管理。它可以最大限度地避免机构重叠、职能交叉、政出多门、多头管理，从而提高管理效率，降低管理成本。大部制改革不仅仅是“精简机构”，它诉诸转变政府职能，理顺部门职责关系，打破部门壁垒，重新整合。大部制是国外市场化程度比较高的国家普遍实行的一种政府管理模式。随着国家大部制改革的推进，竞技体育管理作为国家管理的有机组成部分，其组织机构改革也应该向着同一方向发展。

从我国当前社会改革的趋向来看，大部制改革使政府部门不断简政放权，原有的行政型管理组织正逐步向社会型管理组织转变，应以这种大背景为契机对教练员管理组织进行结构调整、功能重组、合理调配，弱化体育系统行政性质的组织结构与职能权限，进一步强化社会系统在教练员管理中的优势与条件。推行大部制同时就意味着政府职能必须以提供公共产品和公共服务为已任，从而使得政府权力得以规范，回归公共服务。党的十八大报告提出，要“改进政府提供公共服务方式，加强基层社会管理和服务体系建设，增强城乡社区服务功能，强化企事业单位、人民团体在社会管理和服务中的职责，引导社会组织健康有序发展，充分发挥群众参与社会管理的基础作用”。

任何一个组织，不管过去如何成功，都必须随着环境的变化而不断地调整自我并与之相适应。组织变革的根本目的是为了提高组织的效能。[①] 要解决我国竞技体育教练员管理中功能重叠、政出多门、权益冲突、监管不力等各类问题，首先需要理清教练员管理部门之间的关系，重新设计组织结构。所谓“组织结构”(organizational structure)，就是组织中正式确定的使工作任务得以分解、组合和协调的框架体系。[②] 在当今迅速变化的经济、政治环境中，一个明显的趋势是组织需要不断地改变结构，为了确保管理目标的有效达成，管理者必须设计合理的组织架构。结构决定功能，结构合理，功能才能正常发挥；结构最优，功能才能达到最佳。[③] 在组织设计上，可借助大部制理论，整合职能相关组织，构建新的组织体系。

由于单一的组织形式容易引发市场经济下的资源配置失衡，多元灵活的组织结构将是未来竞技体育教练员管理的必然趋势。而且由于非正式组织与正式组织有着非对抗的、协助的、互动的关系，随着我国社会转型期过渡型体制的不断完善，非正式组织必然将纳入竞技体育的管理体制内，与正式组织形成良好的互补关系，共同促进我国竞技体育健康和谐发展，并逐渐实现竞技体育发展模式由行政型向社会型的转变。未来应建立行政组织与社会组织分工合作、协调互补、相互制衡的教练员管理组织体系，教练员管理组织将走向性质多元、合理布局、协作共赢的水平分工型组织结构。

在市场化、职业化模式下，竞技体育教练员首先需要通过职业认证、获取职业资格，其次依托人才市场明晰自身价值和资本，然后在教练员和用人机构之间形成双向选择的自由择业平台，让教

---

① 参见周三多、陈传明：《管理学》，高等教育出版社 2010 年版，第 209 页。

② 参见[美]史蒂芬·罗宾斯：《管理学》，孙健敏译，中国人民大学出版社 2004 年版，第 267 页。

③ 参见邵光远、张纪川：《系统科学入门》，知识出版社 1990 年版，第 38 页。

练员按市场规律配置和流动。因此,新的组织体系应有以下三大基本组织:教练员资质管理组织、教练员聘用组织和职业中介组织。此外,为确保竞技体育教练员管理组织的有序运作,还要成立相对独立的、能对上述组织进行监督管理的第三方监管机构(见图 7-1)。

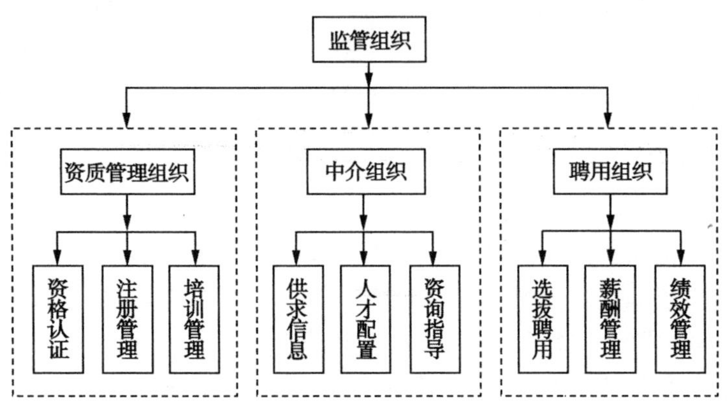

图 7-1　竞技体育教练员管理组织示意图

其中,教练员资质管理组织负责不同级别教练员的职业资格认证、教练员的注册管理以及确保教练员知识体系更新和完善的后续培训管理。中介组织负责向社会提供教练员和用人机构之间的供求信息,实现双方的对接,即按市场规律完成教练员资源的配置,并对竞技体育教练员开展就业咨询和指导。聘用组织即训练机构负责竞技体育教练员的选拔聘用以及聘用后的薪酬管理和绩效管理。监管机构将以第三方的立场,对教练员管理中的三大基本组织进行监督和管理,以确保竞技体育教练员管理的有序进行。由于教练员职业资格的获取将由统一的资质管理组织负责,且该组织与聘用组织分离,使得资质管理更具独立性、客观性,聘用组织对人才的捆绑减少。而第三方监管,可确保监管的独立性、公正性和客观性。

教练员资质管理组织短时期内将仍然为行政型组织，在时机成熟时，可还权给各单项体育协会负责；而教练员聘用组织将随着项目管理中心改革的推进，逐步走向实体化和社会化；职业中介组织属于政府有限扶持下的社会组织。上述三类组织构成了水平分工型体育管理组织结构。该结构要求政府管理部门与社会体育组织之间构建一种平等协作、互促互进、相辅相成的关系。未来竞技体育教练员管理中将进一步突出体育行政组织的宏观管理职能、体育协会的中观管理职能以及实体组织的微观管理职能。

一、教练员资质管理组织

目前，我国教练员属于专业技术人员类别，采用事业单位编制，由人事部门负责其人事关系的管理，训练机构负责其日常岗位的管理，训练机构隶属于行政组织。采用的是先执教，有一定基础后按职称评审程序获得晋升的管理模式。而西方体育强国竞技体育教练员大多采用了职业资格管理模式，美国、加拿大、意大利、英国、德国等国家早已建立起比较成熟和完善的教练员职业资格认证体系，教练员的职业资格管理大多由单项体育协会负责。我国试行职业化的项目也在尝试这一模式，但不同的是，我国由单项体育协会与项目管理中心共同负责。

我国单项体育协会与项目管理中心属于“一套班子，两块牌子”，目前仍然以行政管理和事业单位性质为主。虽然未来随着市场经济体制的不断发展完善，竞技体育市场化程度的不断提高，项目管理中心和单项体育协会必然也将走向社会化管理，且各体育单项协会必将与项目管理中心分离开来并逐渐成长壮大，但当前由于国家采取的是渐进式改革，这就决定了我国竞技体育教练员管理组织的改革也需要是渐进的、逐步过渡的。因此，在社会组织尚未发展成熟，没有独自承当竞技体育项目管理工作的能力之际，我们不能激进地走西方竞技体育管理的道路，让单项体育协会直接承担教练员职业资格管理、注册管理和培训管理等职责，而是需要依托现有资源，实现教练员管理职能的逐步转换。

当前，国家体育总局的直属单位——人力资源开发中心和职业技能鉴定指导中心负责承担着教练员职称评审工作和已列入国家职业分类大典的体育行业特有工种的鉴定工作，职业技能鉴定中心的管理组织设在人力中心内。截至 2012 年底，国家体育总局已在全国 27 个省、自治区、直辖市设立了体育行业职业技能鉴定站，初步形成了全国范围内体育行业职业鉴定的组织管理体系。因此，可借由这种组织体系开展过渡期竞技体育教练员职业资格管理工作。由于组织设计包含横向的管理部门设计和纵向的管理层级设计。所以在横向上，于人力资源开发中心设置教练员管理部，与体育行业职业技能鉴定中心整合负责统管各项目教练员不同级别的资格管理工作。在纵向上，由各省、自治区、直辖市依托本区域体育行业职业技能鉴定站开展教练员初级职业资格的管理工作。各级竞技体育教练员职业资格管理组织负责不同等级教练员的知识和能力考核、资格证书发放、注册和培训管理。其中，职业资格考试有助于确保教练员所掌握的知识、能力可胜任执教工作；注册管理有助于掌握全国各项目教练员的基本情况，便于宏观把握和管理；定期培训可确保教练员知识的更新。由于当前我国高层次、创新型领军人才在教练员人才队伍中的稀缺，这种统一的培训管理，有助于构建完善的培训体系，使教练员培训形成长效机制，并且得以更加规范和高效，从而培养出更多优秀的教练员人才。

随着体育管理体制改革的逐步推进，为过渡期组织的、具有事业编制且以行政型管理为主的项目管理中心，将逐步退出体育管理组织的舞台。而各单项体育协会将由虚变实，真正接管并行使各单项体育运动的管理工作。待这一时机成熟时,教练员职业资格认证与管理也已在行政型组织内发育良好,形成比较成熟的体系,可以放手交由各单项体育协会管理。当前,部分试行职业化道路的项目,如篮球、足球等,已初步具有了自己的注册、培训体系,下一步可在职业技能鉴定指导中心的帮助下直接由单项体育协会设计自己的职业资格管理体系,由协会负责教练员资质管理工作,为其他项目的未来转化作先行军。

此外,教练员资质管理组织虽然由教练员管理部临时代管,但应广泛借助各类社会组织开展工作,以培育、扶持社会组织的成长,为日后承担竞技体育教练员管理工作做好准备,推进竞技体育教练员管理组织由行政组织向社会组织的转型。比如,设在北京体育大学内的国家体育总局干部培训中心依托北京体育大学承担了大量的教练员培训任务,此类培训任务可更多地交由社会组织来完成。各省也可依托体育局直属院校和其他本地高校,充分利用已有的各类组织开展工作。

二、教练员中介组织

中介组织的出现是市场经济改革的客观要求和必然结果。我国人才中介机构萌芽于 1978 年。1983 年,沈阳市率先建立我国第一个人才流动服务机构,到 1984 年底,全国大部分省区先后成立了人才流动服务机构。[①] 目前,从服务对象来看,人才中介机构是由职业介绍服务机构、挂牌人才市场、猎头公司以及留学中介机构等共同组成。中国人事科学研究院发布的《中国人力资源蓝皮书》中指出:当前,我国逐步实现了人力资源从计划配置到市场配

① 参见刘茂松、周婷:《中国人才中介组织发展模式研究》,《湖湘论坛》2007 年第 3 期。

置的根本转变，市场机制在人力资源配置中发挥了基础性的作用。[①]

目前，由于我国竞技体育举国体制的特殊性，大部分项目的竞技体育教练员隶属于事业单位而不是企业单位，且事业单位岗位管理制度改革刚刚起步，竞聘上岗还处于探索阶段，属于新事物、新现象。对竞技体育教练员聘用、流动的管理还处于传统人事管理阶段，因此，我国没有专门针对竞技体育教练员的职业市场、中介服务机构。

官方所提供的教练员交流信息依然属于行政性质的人员借调，如支援西部教练员的选派信息。国家体育总局人力资源开发中心和职业技能鉴定指导中心所属的中国体育人才网（http://www.tyrc.gov.cn）上设有“教练员需求信息”一栏，但提供的是少量援外教练信息，暂时没有国内各竞技体育训练机构的招聘信息。由国家体育总局人力资源开发中心主办、河北省体育人才服务中心承办的体育职业信息网（http://www.tyzyxx.com）上所招聘的教练员对象主要是针对社会各行业的，也没有竞技体育教练员招聘信息。

此外，试行职业化的部分竞技体育项目，如篮球、足球等，各俱乐部教练员的招聘也尚未面向市场公开进行。一些职业联赛中的知名俱乐部其主教练聘用并未采用公开竞聘的方式，很多俱乐部在聘请外教时，往往是根据教练员的知名度、执教成绩加以遴选，双方谈妥后，签订聘用合约。但这种聘用其性质也仍不属于职业市场体系中的公开招聘。

市场经济体制下，按市场规律配置人才是社会发展的需要，而只有通过社会流动，才能实现劳动力和人才的合理配置。合理的

---

① 参见吴江、田小宝等：《中国人力资源发展报告（2011～2012）》，社会科学文献出版社2012年版，第23～26页。

社会流动有助于形成一种不断保持新陈代谢、拾遗补缺、促优汰劣的社会机制。[①] 首先,竞技体育教练员合理的流入与流出、向上或向下流动将促进竞技体育组织的新陈代谢,为组织带来生机与活力。其次,在当前竞技体育教练员区域分布不均衡、结构不合理的状态下,合理的社会流动可以促使教练员从过剩地区流向稀少地区,从较低的职业地位流向较高的职业地位,不仅使个人才能得到有效发挥,而且使社会结构得到优化。再者,经常的、合理的社会流动可以促使教练员与其最适合的位置相结合,只有教练员与职位的"离合"与其"优劣"紧密结合,形成优胜劣汰,社会流动才能成为个人和群体自我提高、自我发展的强大社会动力。因此,培育成熟、完善的职业市场和中介组织,是未来教练员管理的大势所趋,是确保教练员合理化流动的基础,也是促进教练员管理走向市场化、职业化的前提。

短时期内,大部分竞技体育项目的教练员职业资格管理组织和聘用组织仍然属于事业单位性质,但职业中介组织可在行政组织的引导和监督下,率先由社会组织承担。职业中介组织不仅要负责发布教练员求职、招聘信息,还要促成人才的合理化配置,为用人单位和教练员提供各类辅助服务,使中介机构的功能更加多样化。

三、教练员聘用组织

教练员聘用机构是指具有用人权利能力和用人行为能力,运用教练员组织训练、比赛,且向教练员支付工资等劳动报酬的单位。作为教练员的雇佣和长期合作组织,聘用机构将负责教练员

① 参见刘祖云:《社会转型与社会流动:从理论到现实的探讨》,《华中师范大学学报(人文社会科学版)》1998 年第 5 期。

的选拔招聘、薪酬管理、绩效管理以及提供相关权益的保障等。

在当前一个时期，除少数走职业化道路的试点项目其教练员应聘于职业俱乐部外，大部分竞技体育教练员的聘用组织依然为隶属于各级体育局的训练机构。我国第一部系统的人才状况分析报告、人事部中国人事科学研究院主编的《2005 年中国人才报告——构建和谐社会历史进程中的人才开发》（黄皮书）预测，非公有制用人单位将会成为我国人才就业的主要方向。未来随着市场经济体制改革的逐步深入，现有负责竞技体育训练的各级项目管理中心也将走向实体化，在由行政型管理转为社会型管理之后，将更多以俱乐部的形式取代项目管理中心。而拥有职业资格的教练员，通过人才市场以竞聘的方式，服务于新的竞技体育训练机构。

四、教练员监管组织

当前，由于教练员的管理组织、监管组织均由各级体育局及其直属机构负责，属同一系统内的组织，因此，我国竞技体育教练员管理中的监管属关联方监管。关联方监管最大的特征是利益一体化，遇到矛盾、问题时首先考虑的是关联方共同的利益，因此，难以作出及时、公正的处理。在“汪成荣事件”和“上海女排性侵事件”中，都体现了因缺乏独立的第三方监管机构，以致当矛盾、纠纷出现时，组织内部处理加上无法可依，使事件最终难以妥善解决。超脱各方利益的第三方监管机构，可以站在中立的立场，公平、公正地解决矛盾问题，是确保我国竞技体育教练员管理科学、有序的必要组织。

未来竞技体育教练员的职业资格管理将由发展为实体协会的单项体育协会负责，教练员聘用组织和中介组织也将走向独立的经济实体，而体育局、人力资源和社会保障部等作为行政组织，已与各方利益逐渐脱离，在对教练员管理进行宏观调控、引导的同时，可下设组织担任第三方监管的职责。当然，也可由具有独立资质的机构担任第三方监管，而使政府机构负责更宏观的监督和引导。

对竞技体育教练员的管理要逐步完成从政府型体育管理组织为主向社会型体育管理组织为主的转变，这也是逐步弱化政府微观管理功能，强化宏观管理功能的过程。新的组织体系的构建，将打破部门壁垒、区域壁垒，促进教练员人才的合理化流动和竞争，使人才资源按市场经济的规律配置。

第三节　竞技体育教练员管理职权的划分

2013 年 2 月，中共十八届二中全会审议通过了《国务院机构改革和职能转变方案》，与五年前的改革方案相比，此次在题目中增加了“职能转变”四个字。中国行政体制改革研究会会长魏礼群认为，转变政府职能是行政体制改革的核心，也是处理好政府与市场关系的关键。政府职能要实现三个转变，即推动政府职能向创造良好发展环境、提供优质公共服务、维护社会公平正义转变。[①]新一轮机构改革中必将深化对市场经济条件下政府职能转变的认识，并将作出更符合时代特点的调整。

当前一系列改革中，竞技体育教练员的管理职能没有发生根本性转变，改革大多在外围开展，并未触及权益的重新划分，“大政府、小社会”的权力格局尚未有太大改观。因此，在进一步深入改革中，随着竞技体育教练员管理组织的重新构建，必然会打破部门壁垒，面临职权、利益的新的划分。大部制改革不是简单的机构精简与合并，而是职权的重新厘定与分割。而改革中最困难的部分

① 参见《我国大部制改革以职能转变为核心继续简政放权》，京华时报网，2013 年 3 月 1 日。

就是理清权力清单，进行权力的再分配，清楚界定各项基本职能和权力的归属。其核心问题是理顺部门之间的关系，明确部门之间的权力，使之各行其责，让政府的归政府、市场的归市场、社会的归社会，达成职权的一致与平衡。体育局系统要发挥引导、平衡、协调、保护的职能。各级各类组织首先要进行职能的整合，之后，再进行职权的重新划分。

一、职权划分要与组织架构相匹配

应建立“职能有机统一”的体育教练员管理体系，让职权划分与组织架构相呼应，有什么样的组织体系，就有什么样的职权划分。当竞技体育教练员的职称管理被职业资格管理取代之后，各级体育局应让人事部门退出竞技体育教练员的管理，让教练员资质管理组织——体育行业职业技能鉴定中心和各地的职业技能鉴定站负责各区域、各级别竞技体育教练员的职业资格管理工作。同时，政府机构要简政放权，赋予训练机构用人自主权和竞技体育教练员自由择业权。竞技体育训练机构负责选聘和雇佣教练员，训练机构与竞技体育教练员之间将由原来的事业单位下的隶属关系，转变为社会实体中的契约式关系。教练员的流动将更多地由职业市场负责管理，由行政性的流动转向市场配置机制下的流动。此外，赋予第三方监管机构监督、仲裁的权力，以确保竞技体育教练员管理中监督工作的客观性。

通过职能的重新划分和调整，使职权与组织架构相匹配，使政府从宏观管理者和微观实施者双重身份中走出来，逐步剥离其微观权力，从直接管理转向间接管理，真正做到以宏观调控为主；社会组织将获得微观管理的权力，成为真正的执行层，在政府宏观管理下开展工作。切实实现行政组织与社会组织之间权力的转移与交接，有效减少职能交叉，提高管理效率。

二、把握好多方利益博弈中的平衡

改革中各项管理职能的重新界定，其实也就是权益的再分配，是行政组织之间、社会组织之间、行政组织与社会组织之间以及组织与个人之间的权益的重新厘定。可以说，体制变革的核心是利益的重新分配，任何改革均是以利益的转移和再分配为基础的，利益驱动也是各类社会力量介入竞技体育教练员管理的重要动因。由于利益调整中某些组织的既得利益必然失去，因此，变革的进程将会遇到超乎寻常的阻力，处理好多方利益博弈问题是关键。利益相关者的需求与满足之间的差距，必然导致多方利益的博弈。在改革中，当面对多方利益博弈时，正确的价值取向是解决问题的基础，合理的利益划分是协调合作的保障。

欧美职业体育制度通过自下而上的方式逐渐发展完善，属于典型的利益相关者协同治理机制。[①] 我国竞技体育是政府主导型的管理机制，在自上而下渐进性改革过程中，由于治理结构的不健全、制度建设的系统性缺失以及对利益相关者利益需求的忽视等导致围绕利益的冲突频发。随着我国竞技体育职业化、市场化、产业化的不断深入发展，原有的权益划分标准已无法胜任新形势下的需要，新的利益主体的出现和利益的多元化、复杂化，使不同主体之间的责任、权力及利益必须要重新分割和厘定。

首先要理顺各类产权关系。在社会转型中，中国的竞技体育也在转型。政府与社会集团间的利益整合进程主要通过竞技体育

① 参见崔鲁祥：《中国职业体育利益相关者分析及协同治理——职业篮球、足球实证》，北京体育大学博士学位论文，2012 年。

资源产权的合理分割促进利益分配机制的转型。① 利益是一切矛盾产生的根源，也是转型中需要重新划分的重要内容。如教练员与组织之间的利益纠纷很多是由于产权不明导致，合理界定教练员人力资本的归属、国家投入的范畴，即可梳理出教练员利益分配的依据。再比如，全运会的金牌排名所带来的利益的分化和竞争的异化，其根源还是利益分配机制问题。

其次，要构建公平、合理的利益结构，以侧重利益整合的方式来化解当前我国利益分化过度的无序状态。② 构建公平、合理的利益结构方可化解利益矛盾的深层次问题，而这一结构的构建，需要首先整合各方利益。利益的整合是利益再分配的基础，也是合作博弈的基础。利益整合之后的重新划分，要从回归公共利益、重视各方利益相关者的利益出发，不能再被赋予过多的“国家意志”和“政府意志”，而要在一个公平的平台上重新建起。

此外，还要规范获利行为，让利益相关者获取与其投入相符的利益，以激励其共同为竞技体育整体利益增长服务，从而保证整个竞技体育系统向着平衡、有序的方向发展。

第四节　竞技体育教练员管理制度的构建

教练员管理制度是在竞技体育长期发展过程中逐步形成并不断完善的。随着市场经济体制的逐步建立、全球化趋势的发展，原有的举国体制不断面临国际体育商业化、职业化、大众化浪潮的冲击。曾经在教练员管理领域发挥了良好作用的各类制度，由于时

① 参见黄毅：《社会转型期我国竞技体育集团利益分化与整合机制研究》，北京体育大学博士学位论文，2006 年。

② 参见谢海军：《当代中国社会利益结构的分化与整合》，中共中央党校博士学位论文，2007 年。

间的推移、社会的变迁、环境的变化，已表现出明显的滞后性。由于我国处于社会转型期的特殊阶段以及渐进式改革的特征，使中国竞技体育教练员新老管理制度在不同层面共存，处于新旧制度交叠甚至矛盾冲突的尴尬局面。各类教练员管理制度的规范化程度较低，制定者、执行者、监督者不一，区域差别较大，制度体系不健全，脱离管理实践的需求。整体来看，缺乏统一而权威的全局性管理制度进行约束与引导。

原有计划经济体制下形成的教练员管理制度已无法满足市场经济时期的需要，并开始严重束缚和制约人才的发展。制度体系的不健全，滋生了大量管理问题，带来了严重内耗。因此，必须对现行的管理制度进行调整和改革，逐步建立一种科学的、规范的、动态的教练员管理制度，既要符合社会主义市场经济的需求，也要符合科学管理的理念。

从管理范畴来讲，管理制度可分为国家管理制度、行业制度、组织制度三个层级。这三个层级的制度分别负责宏观、中观和微观的管理。国家管理制度起着调控和引导作用，行业制度起着行业自律作用，组织管理制度起着确保组织有序运作的作用。据此，也从这三个层面分析我国竞技体育教练员制度体系，梳理出当前急需建立和健全的核心制度。

未来市场经济体制下，教练员将依托自身的人力资本，遵循市场配置的规律，在相对成熟的中介市场中，以双向选择的形式实现就业。因此，职业资格管理制度、职业市场规范制度、利益分配制度和保障制度将是影响竞技体育教练员管理的重要制度。转型期我国竞技体育教练员管理制度的构建需与社会政治、经济环境相适应，与组织架构相匹配。不仅要具有指导性、约束性、规范性和程序性，还要具有鞭策性和激励性。

一、构建新型的职业资格管理制度

职称是原有计划体制内管理的产物，而职业资格更符合市场经济体制下人才管理的需要。随着市场经济的发展，当前体育行业职业资格鉴定工作已经起步。经劳动和社会保障部批准，国家体育总局于 2004 年 6 月成立了职业技能鉴定指导中心，对体育行业职业技能鉴定工作进行统一规划和管理，负责在体育行业推行国家职业资格证书制度，开展体育行业特有工种的职业技能鉴定工作，陆续在各省、市、自治区建立了体育行业特有工种职业技能鉴定站。目前，纳入国家职业分类大典的体育行业特有职业包括了社会体育指导员、体育场地工、体育经纪人和游泳救生员等。社会体育指导员暂设游泳、健美操、滑雪、保龄球等 47 个工种。但同样面临职业化发展走向的竞技体育教练员，其职业资格管理制度仍处于缺位状态，尚未有统一而权威的管理机构和认证标准。

1997 年，人事部副部长徐颂陶指出："深化职称改革的一个目的，就是要强化执业资格制度，淡化职称，完善专业技术职务聘任制，有些职称系列在条件成熟后，可以逐步向执业资格制度转化。"2003 年 7 月，人事部部长张学忠表示："深化职称改革必须从大力推进职业资格制度入手。要按照统筹规划、科学论证、急需先建、逐步推开的原则，加快我国建立职业资格的步伐，抓紧制定职业资格制度管理的法规文件。"职业资格制度的施行，会对我国现行的体育行业专业技术人员职务评审（职称评审）工作带来冲击，将原有的由专家评委会评审确定专业技术职称等级，变为通过国家统一考试取得等级资格，使职称工作趋向透明公开，并且将评聘分开，这必将深入推动教练员的职称改革。

当前，我国只有少量走职业化道路的试点项目其教练员在试行职业资格管理，而且也尚未形成比较系统、权威、符合我国国情的职业资格管理体系。比如，足球目前是按照亚足联的做法，对教练员进行职业证书等级考试。由于大部分竞技体育项目的教练员任职于事业单位，因此仍走职称评审道路。在教练员职称评审方面，很多省份都在沿用 1994 年人事部、国家体育运动委员会联合印发的《体育教练员职务等级标准》(人职发[1994]17 号)。该评审标准由于时日久远，随着当前社会改革的不断深入，其任职资格和条件已严重脱离教练员管理实践的需要，且评审指标体系缺乏量化、标准化和客观性。此外，竞技体育全球化的加速，使得我国竞技体育教练员的管理标准需要与国际接轨。因此，借职称评审制度修订之机，按照构建职业认证体系的标准和国际通行标准，把原有的教练员职称评审制度转为教练员职业资格等级制度，统一各项目、各等级的准入标准，组织制定考试大纲、教材、题库，培养考评员、培训师，建立起培训机构等，制定出一套完整的职业竞技体育教练员资格认证标准。

此举不仅可以解决当前教练员管理中流动难、成绩认定难和职称评审标准滞后或者缺位等问题，推动竞技体育教练员职称改革的深入，更为将来竞技体育教练员列入国家职业分类大典名录，成为正式职业奠定扎实的基础，还可以促进我国教练员队伍尤其是弱势项目的教练员具备国际化水准，同时，为教练员的国际化流动扫清障碍。

目前，加拿大、德国、日本等国家已建立了较为完善成熟的教练员职业资格证书认证认可制度。① 中国竞技体育要想在国际体育领域保持领先地位，就必须结合中国的实际情况，最大限度地与国际接轨。尤其在我国加入 WTO 以后，迫切需要建立符合国际通行做法的竞技体育教练员职业资格制度。这将为我国竞技体育

---

① 参见李智、樊庆敏、刘大庆:《我国教练员职业资格制度研究》，国家体育总局官网，2007 年 2 月 7 日。

教练员走向国际市场，更多地参与国际竞争和交流创造更好的平台，同时也为优秀的国外教练员人才更好地走入中国市场奠定基础。

二、构建新型的职业市场规范制度

培育和完善人力资源市场是经济体制改革和劳动人事制度改革的客观要求。当前，国家深层次的机构改革对于人力资源市场提出了很多新的命题，也为人力资源市场的发展带来了前所未有的机遇和挑战。随着知识经济时代、信息时代的到来和我国市场机制的逐步完善，人力资源市场的重要性将日益凸显。在市场经济体制下，职业服务机构的投资主体将更加多元化，其规模化、专业化也将更加明显，竞争也将日趋激烈。未来对职业市场提出了更高的要求，需要其服务手段更加现代化、服务流程更加规范化、服务内容更加均等化、服务领域更加国际化。这就需要建立并完善从国家层面的职业市场法规体系到体育人力资源的职业市场规范、再具体到竞技体育教练员的职业市场规范，确保各级职业市场规范制度的完善。

（一）完善国家层面的职业市场法规体系

原劳动部 1995 年 9 月 12 日颁布了《就业登记规定》，1995 年 11 月 9 日颁布了《职业介绍规定》，合并后的劳动和社会保障部于 2000 年 11 月 29 日通过了《劳动力市场管理规定》，并取代了前两项规定。2008 年 1 月 1 日起，劳动和社会保障部开始施行《就业服务和就业管理规定》。但上述文件都是相对宽泛的，缺乏实施细则。人力资源市场主体的运作、功能的发挥、秩序的维系、监管，都需要法规制度的规范、引导、制约和保障，但目前我国还没有专门的、统一的人力资源市场法规，也缺乏全面的制度安排，如平等就业制度、市场监管制度、信息发布制度等都有待建立、健全，职业市场的公平和诚信也有待提高。因此，亟需在国家层面制定统一的、完善的职业市场法律、法规体系，以有力地调控、监管职业市场，促进行业自律，为人才的合理化配置、流动建立稳固而良好的平台。

（二）构建针对体育人力资源的职业市场规范

经济转型后，中国社会对各类体育人力资源的庞大需求将由专业的中介服务机构来解决。尤其是体育行业职业资格制度的施行，预示着未来体育人力资源也将如律师、会计师那样，依托公共服务机构来实现自身价值，寻找最佳发展空间。而针对体育人力资源的职业市场规范目前还处于空白状态。体育人力资源是一种特殊的稀缺资源，但目前市场对这种资源的认识和开发程度远远不够，以致造成人才的浪费。因此，应深入探索体育人力资源的特点和管理方法、手段，从制度层面引导职业市场为体育人力资源的职业转换搭建桥梁。

（三）构建针对竞技教练员的职业市场规范

未来市场经济体制下，竞技体育教练员作为体育人才中特殊的一类，也将通过职业市场配置、流动。职业市场将成为联系竞技体育教练员和训练机构的重要桥梁。国家体育总局人力资源开发中心目前代理了少量的竞技体育教练员应聘信息，各项目管理中心也有少量的招聘信息，但有关竞技体育教练员的职业市场在我国还是新事物。虽然部分省份训练机构开始实行岗位管理，竞争上岗机制也开始试运行，但大多换汤不换药，在原班人马的基础上进行微调，并没有借助公共服务机构开展公开招聘。一方面由训练机构本身事业单位的性质决定；另一方面，作为实践性很强的职业，训练机构尚未有科学地衡量教练员执教水准的评价体系，即便是走职业化道路的项目，各俱乐部在招聘教练员时，也多是依托其执教成绩，通过各种关系联系、确定。那些在国外有显赫战绩的教练员，被高薪聘请到中国，但在中国的执教成绩却让人大跌眼镜，一方面是因为我们还没有很好地与国际接轨，另一方面也显示出我们的教练员选聘制度存在问题。因此，应建立一套符合市场规律的竞技体育教练员配置制度，如竞技体育教练员、训练机构在职业市场的准入制度、评价制度，让最合适的教练员与最合适的岗位匹配，让教练员的价值得以最大限度的实现，积极性和创造性得到最大限度的发挥，也让训练机构的人力投资获得最佳回报。

三、构建新型的利益分配制度

利益冲突是导致变革的根本原因，也是社会制度趋向完善的重要动力。在我国经济转型的过程中，由于改革所具有的利益再分配性质以及由此引发的矛盾冲突，势必引发新一轮的制度创新。利益的重新划分和厘定显得十分必要。合理的制度安排与创新既能使不同利益主体的利益得到满足，又能使利益冲突得到妥善解决；既能鼓励合理的利益竞争，也能规制不法利益的获取。利益的重新界定将是确保竞技体育教练员管理有序、顺畅的前提。

（一）合理界定区域利益

当前，国内各地体育利益切割严重。以全运会为例，代表团以省份来划分，全运会闭幕式上的各地区金牌和总分排名弱化了项目自身的竞争，而强化了区域竞争。而且地方体育部门领导往往以一个全运周期为任期，竞技体育成绩直接关联政绩，这已成为体育界的基本规则。当前这种利益划分格局，使地方体育部门最看重的是教练员为本省获得的业绩。使各地为追逐区域利益而强化了对本地区所属教练员人才的桎梏。被征调教练员如果没为本省竞技成绩做出贡献，那么很多省份往往不会把他的带训业绩视为有效业绩。比如,派往西部地区执教的教练员,因其没有为本地区的成绩和荣誉做贡献,当回到本地区参加职称评审时,其在调任期间的成绩很难得到承认。由于区域利益和个人利益挂钩,调入国家队的教练员也对来自本省的运动员青睐有加,对其他省份的运动员的管理相对较为松懈。

当前的区域利益格局,不管对人才的合理化流动、配置,对人才价值的充分发挥,还是对国家竞技体育的整体发展都非常不利。因此,应重新划分利益格局,建立新的功能区划理念,改区域竞争为项目本身的竞争,借鉴奥运会做法,按照单项发布排名;改变参赛单位的形式,不再按区域组团,而是依托各单项资格赛选拔入围者。

(二)合理界定组织利益和个人利益

在计划经济时期的举国体制下,教练员的成绩是集体共同努力的结果,而不仅仅是个人成就,因而在利益划分时教练员应服从组织安排。而市场经济体制下,教练员的人力资本得以凸显,知识技能带来了更大的经济效益,使教练员意识到自身价值的重要性,在利益划分时希望获得更多的独立自主权,而组织也不能再以计划经济体制下的利益分配制度对教练员进行管理。因此,明晰教练员人力资本的归属和核算方法,是制定利益分配制度的重要依据。在此基础上,建立、健全薪酬制度、各类收入分配制度,厘清组织和个人利益的边界,可以有效地减少组织和个人的利益冲突,并使利益冲突的解决做到有据可依。

四、构建新型的保障制度

竞技体育教练员管理制度体系中的保障制度,不仅指社会保障制度,还包括了一些确保竞技体育教练员系统发展、合理化流动的相关制度，如教练员的户籍制度、档案制度等。

社会保障制度是国家通过立法而制定的、现代国家最重要的社会经济制度之一。我国的社会福利制度建立于 20 世纪 50 年代，在整个计划经济时期，城镇职工享受着几乎无所不包的福利待遇。当时的社会福利制度由民政福利、企业职工福利、国家机关和事业单位职工福利三部分组成。随着社会的变革，局限于城镇居民的社会福利制度转变为涵盖全社会的社会保障制度，它包括了社会保险、社会救济、社会福利、社会优抚等。其中，社会救济是社会保障体系中的最低纲领，社会福利是社会保障体系的最高纲领，社会优抚是社会保障体系中的特殊纲领，社会互助和个人储蓄积累是社会保障体系的补充纲领，而社会保险是社会保障的核心内容。我国现在广泛推行的“五险一金”中的“五险”指的就是社会保险，它包括了养老保险、医疗保险、工伤保险、失业保险和生育保险，“一金”指的是住房公积金。社会保障制度是市场经济体制下竞技体育教练员保障制度建设的重点。但当前国家正在推行的社会保障制度如医疗保险、养老保险和失业保险等尚未实现全国联网，还存在区域性，使教练员在流动时难以获得全面的保障。健全和完善社会保障制度是确保竞技体育教练员无后顾之忧的重要保障。

其次，身份管理制度是制约教练员流动的另一项重要因素。当前，我国身份管理制度除身份证制度外，还包括户籍制度和档案制度。对于行政、事业单位工作人员而言，档案制度扮演着非常重要的角色。档案是个人经历、学历、社会关系、思想品德、业务能力、工作状况以及奖励处罚等方面的原始记录。由于长期以来在档案管理上的地域分割、条块分割以及档案与户籍绑定，使档案一直不能随着人员的流动而得以转移和利用。教练员大多就职于事业单位，其档案管理属于人事档案管理，其限制更加严格。当前，在行政单位和事业单位流动时，迁出单位若不同意放档案，新单位就无法落实工作和相关待遇。户籍制度是我国一项基本的国家行政制度。当前,我国的户籍管理仍处于不完善的状态中,居民户籍信息仅在公安部门内部实现了全国联网,各职能部门之间尚未形成信息共享网络。且户籍管理与档案管理是并行的且被割裂开来的,从户籍信息中无法了解一个人的过往经历,如信用记录、犯罪记录等。传统的、单一的人事档案管理和户籍管理制度无法适应多种所有制经济组织并存的新形势,成为现代教练员管理中的羁绊。

在信息化程度高的国家,科学的身份管理制度既可以加强对公民的控制和管理,也可以让居民随时自由选择工作、居住的地方。比如,日本每个居民都有一个户籍登录号,要求流动人口在迁徙后的一个月内到当地行政部门去登录新的居住地点和联系方式。按登录号可以找到公民的住址、电话、年龄等基本情况。美国政府依据社会安全号对居民进行迁移与流动中的信息管理和追踪。社会安全局对美国公民或在美国长期居留的外国人注册"社会安全号",公民在申请学校、应聘工作、办理信用卡、买房子、买手机、就医、考驾照等时都需要填报社会安全号,并登记入网。依托遍布全美的发达的互联网系统,各地区、各部门与各行业均能通过社会安全号查询到个人档案的详细信息,如居住地、教育背景、工作经历、信用记录、纳税记录以及有无犯罪记录等。

我国身份管理制度的滞后是阻碍教练员合理化流动的重要因素。建立自由迁徙的户籍制度、档案制度和全国范围适用的社会保障制度,才能让人才流动起来。而这需要社会改革的同步进行方能解决。在社会转型期,应建立符合市场经济发展规律的、与社会整体保障制度相衔接的竞技体育教练员保障制度,形成国家、社会、个人等共同承担,以社会保障为基础和主体、以组织保障和个人保障为补充的保障体系。并逐步实现保障内容全方位、保障方式多层次、权利义务相对应、管理服务社会化。

此外，法律法规是社会管理的底线，也是竞技体育教练员管理规范化的最有力保障。竞技体育领域的法律法规不健全是当前的典型问题，“汪成荣事件”中契约式管理的缺失，“上海女排性侵事件”中处罚方式的行政化，都暴露出教练员管理领域法律、法规缺位的问题。在市场经济体制下，教练员的管理应建立在市场契约关系的基础上而不是建立在行政权力的基础上，因此，营造法制化管理的环境，让契约式管理制度化，是确保管理有序的重要途径。

第五节　竞技体育教练员管理运行机制的构建

在社会转型期，竞技体育教练员管理的完善和变革，不仅要通过创新的组织、制度建设和职能划分，还必须要通过各要素的合理运行才能达到终极目标。因此，必须建立一套协调、灵活、高效的运行机制。组织结构、制度规范、职能划分等是相对静态的，而运行机制则是动态的，是围绕静态目标如何执行一系列管理活动以最终达成目标的手段、方法。

在计划经济时期，“计划为主，市场为辅”的格局赋予了竞技体育管理浓厚的行政色彩。进入市场经济时期，“计划为辅，市场为主”的资源配置机制，促使竞技体育的管理也应从“管理”走向“服务”，从“强制”走向“引导”。以营造竞技体育教练员良好的发展环境为导向，重新梳理教练员管理中的运行机制。

未来竞技体育教练员管理将主要由教练员资质管理组织、职业中介组织和竞技体育训练组织等共同完成(见图 7-2)。教练员自职业资格管理组织接受培训、等级考试、后续培训、注册管理等资质管理，获取职业资格证书的教练员进入职业市场，经过双向选择就职于竞技体育训练机构，第三方监管机构确保管理的有序进行。在这一管理流程中，需要建立并不断完善协同、竞争、激励、监督约束、评价等机制，以确保新的竞技体育教练员管理体系得以卓有成效的运作。

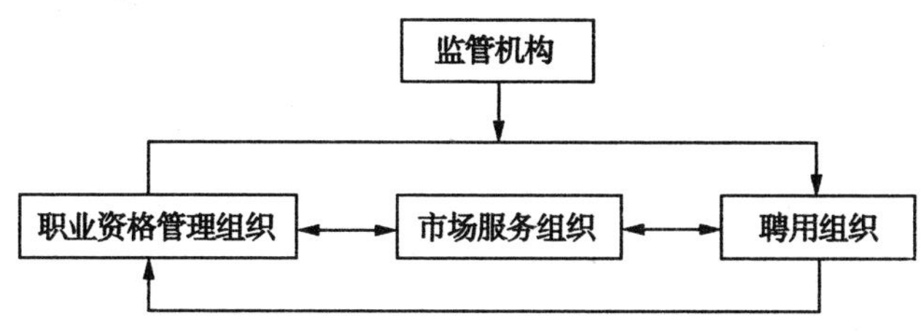

图 7-2　竞技体育教练员管理流程示意图

一、协同机制

“21 世纪末期的众多事件已经清楚地证明，政府无法再独立运作下去了，协调合作是这个游戏的名词。”[①]协同成为社会发展的新主题。当前，我国教练员管理机构以政府机构、事业单位为主，未来市场经济体制下的教练员管理将呈现出以政府、市场、行业协会、企业和俱乐部等多元主体构成的组织架构。在对教练员管理的组织架构、管理职能整合的基础上，如何使它们顺利融合、运转，成为达成组织终极目标的关键。协同机制是确保教练员管理运行中减少内耗、降低成本、提高效率的必不可少的手段，是促成组织和谐运作的关键，是改变原有竞技体育教练员管理条块分割、各自为政格局的关键，也是构建新型、高效的教练员管理体系的关键。要在多元化的竞技体育教练员管理组织之间形成相互作用、相互支持和相互补充的格局，达成高效的管理，就必须建立整体协同的运行机制，使管理运行中各环节能有效嵌合，从横向和纵

① [美]唐纳德·凯特：《有效政府：全球公共管理的革命》，张怡译，上海交通大学出版社 2005 年版，第 63 页。

向两个维度实现教练员管理的顺畅无阻。

在横向上，建立教练员资质管理组织、聘用组织和竞技体育训练组织之间的协同机制。全国统一标准下的职业资格和职业等级管理不仅有助于教练员级别的标准化和规范化，还可以打破因原有的区域利益分割问题所带来的局限，使竞技体育教练员资源得以最大化的开发和利用。但这一制度的实施离不开训练机构和市场服务机构的认可、接纳和支持。首先，市场服务机构要接纳并遵循职业资格管理规范，并作为教练员市场准入的衡量标准，没有职业资格证书或证书无效的教练员不能在人才市场或人才服务机构应聘；而资格管理组织也需要与市场配合，以市场需要和动向为自己的调整、完善提供更加坚实的依据。其次，训练结构也需要按照职业资格管理机构的相关规定来鉴定人才，对于没有资格证书的不予聘用，对于不按年度注册、培训，审核不合格的教练员降级聘用或者不予聘用，只有这样才能确保职业资格管理机构的工作行之有效；而训练机构对竞技体育教练员的评价也需要得到职业资格管理组织的认可，并作为教练员资格晋升的重要依据，以配合竞技体育教练员职业资格管理。再者，职业市场要根据竞技体育训练机构的需求发布招聘信息，为训练机构搜集信息，形成教练员人才库，并严把聘用组织的审核，确保教练员应聘的公开、公正；而训练机构也应按照职业市场的准入标准，完善自己的招聘机制。第三方监管机构负责监督教练员管理流程的规范和有序，并依据法规对于管理中的问题进行问责和纠错。

在纵向上，各级组织也要确保纵向管理的通畅，尤其是职业资格管理组织。我国地域广袤，仅仅在人力资源开发中心下设的教练员管理部或者未来负责接管的单项体育协会开展竞技体育教练员职业资格管理是不够的，为了更方便教练员人才的管理，应授权各省职业技能鉴定站受理较低级别的职业资格申请，当然，最高级别的教练员资格还需要人力资源开发中心的教练员职业资格管理部进行认定和授予。

此外，为了确保竞技体育教练员管理的高效运作，不仅要从宏观上协调横向、纵向的不同组织和不同部门之间的关系，还要从微观上协调教练员与领导层、运动员、队医、科研人员等之间的关系，在理顺职权分工的基础上，注意协调组织内部的各类关系，减少内耗。

未来，中国竞技体育教练员的管理模式需要从事务型向战略型转变，即从过去注重各个模块的单一功能而发展到注重整体功能，从组织发展战略的高度去统筹运行。

二、竞争机制

市场经济体制下，竞争是普遍存在的。竞争机制是市场经济中最重要的管理机制。不仅竞技体育教练员之间有竞争，训练机构、职业服务机构等之间也有竞争。竞争机制充分发挥作用的标志是优胜劣汰。良性的竞争机制可以促进公平与效率的实现，让最合适的人才与最合适的机构、岗位相匹配，让教练员资源在开发、利用过程中发挥最大价值，实现最大效益。而要达成这一目标，不仅要让竞技体育教练员在职业市场中竞争职位，最重要的是要在竞技体育教练员直接服务的各级训练机构中形成科学、良性的竞争机制。

当前，我国很多竞技体育训练机构缺乏科学的评聘机制。如很多项目斥巨资聘请战绩显赫的外籍教练来中国执教，但大多外教并没有让中国的竞技体育项目达到期望的目标，比如中国男足，多次换帅，但成效甚微。这不仅是因为外教与中国文化难以契合造成的，还应反思我们的竞聘机制。我们尚未形成一套能够选拔出最优秀且最适宜的教练员人才的招聘体系，甚至在很多竞技体育项目中，尚未形成机会均等、公平公开、择优录用、双向选择的选聘机制。即便目前试行市场化发展的竞技体育项目，俱乐部在选聘教练员时，也并非是公开选聘，大多是参照以往执教成绩选中某位教练员，再通过各种关系联系聘用。由于科学的评聘标准的缺失，导致对高薪聘用的教练员资源的投资注定被白白浪费。因此，要依托科学的评测标准，建立开放的评聘机制，才能选到最合适、最优秀的教练员人才。

三、激励机制

在知识经济时代，人才是竞争中最重要的资本。拥有人才后如何用好人才、留住人才成为组织面临的重要挑战。而用好人才、留住人才，就要善用“激励”这把双刃剑。良好的激励要实现激励的相容性、目标的稳定性、激励手段的多样性、激励效果的可持续性。

行为科学中把组织成员追求自身利益又恰能实现组织目标称作“激励相容”。管理实践发现，此种激励具有信息量少、管理成本低、管理收益大的优点。因此，在竞技体育教练员激励设计中，要尽力使教练员个人的逐利行为与组织目标的达成保持方向一致，即实现“激励相容”。为确保“激励相容”效果的达成，要把激励的手段、方法与激励的目的相统一，且激励的目标要分层次递进，要保持稳定性。其次，激励机制应贯穿教练员管理的整个流程——从聘用到培训、考核、晋升等，在管理流程中要注重激励的多层次性，通过多重激励目标的设计，刺激不同时期、不同阶段教练员的积极性。此外，能起到激励效果的并非仅仅是薪酬、福利、奖品，还包括个人成就感体验、个人价值的实现和社会尊重度的提升等等，因此，要多种激励手段并用。由于激励对教练员的某种符合训练组织期望的行为具有反复强化、不断增强的作用，因此，可借助这种作用并保持其连贯性，以确保组织目标得以达成。激励机制是一个永远开放的系统，要随着时代、环境的变化而不断调整、创新。

四、监督约束机制

从管理博弈论的角度来看，不仅需要在管理中把握好激励和约束之间的度，同样也要把握好监督约束与自律之间的度，把握好刚性管理和柔性管理的平衡，更多地用好管理中的正能量，去激发被管理者的积极性、主动性和自律性。也需要完善管理中的监督、约束机制，以形成自我约束机制。

首先，要让责任刚性，即让预期责任有明确的规范，把一定的制裁性后果明确列举出来，并与相应的惩戒行为相连，让教练员明确相应风险。其次，要实际归责，即把双方需承担的责任有效地落到实处。它不仅可以使风险发挥压力和警策的作用，而且可以使风险发挥自我约束效力。此外，责任认定中要形成严格的操作程序，为防止权责分离、责任不明、趋功诿过提供有效保证。

加强教练员管理中的双向监督和第三方监督。教练员管理中的很多问题都源自监督不力或缺乏有效、客观的监督。因此，要在教练员管理中建立起双向监督的机制，让教练员和组织互相监督。同时，由第三方监督机构依法执行监督，并负责及时纠错和问责。

为了更好地实施监督，在教练员管理中应更多地引入法制化管理机制。健全法律法规，做到有法可依、有法必依。最重要的是使传统的行政型管理向契约型管理转化。以契约的方式厘清双方的责、权、利，依托更高程度的自律，以法制化、规范化的管理方式化解、避免纠纷和争议的发生。

五、培养机制

本次对省级以上体育系统竞技体育教练员的调研中发现，当前我国竞技体育教练员队伍总量尚可，但缺乏高、精、尖人才，缺乏领军人才。教练员作为竞技体育训练的设计者、组织者和实施者，是竞技体育中最重要的人力资源之一。因此，在未来竞技体育教练员管理中，要注重教练员的培养及其人力资本的提升，打造一支具有国际视野、创新思维和较高执教水平的领军型教练员队伍，推进竞技体育的可持续发展。

以往全国级别的教练员培训大多由人力资源开发中心和竞体司组织，设在北京体育大学内的国家体育总局干部培训中心承担了大量的教练员培训任务。各省大多由人事部门负责，往往是组织专家短期培训，缺乏系统性、针对性，培训的评估和监督措施不健全，教练员积极性也不高，往往使培训难以达到应有效果。

未来对竞技体育教练员的管理中，不仅要负责资格准入的管理，还要注重其后续知识的更新和可持续发展机制的形成。让教练员在获取职业资格之后，实行年度注册，并且制定科学的培训计划，设计有针对性的、紧密联系实践的培训内容，定期培训，没有按时接受培训的不予下一年度注册，超过一定年限未注册的将取消其教练员职业资格。其次，提高培训的质量，让培训有助于教练员个人价值的实现和个人利益的提升，从而激发教练员参与培训的积极性、主动性。此外，训练机构也要把教练员的选拔、聘用和培养、开发相结合，通过支持教练员培养，提升教练员的人力资本，从而使训练机构的目标更快、更好地达成。

六、流动机制

美国学者卡兹(Katz)通过对科研组织寿命的研究发现,组织寿命的长短与组织内的信息沟通和获得成果有关。他通过大量调查统计绘制出了一条组织寿命曲线,即"卡兹曲线"(见图 7-3)。在这条曲线中可以看出,在 1.5 年之前,由于相处时间短,成员之间交流有限,获得成果数量和质量较低;1.5～5 年,信息交流水平最高,成果的质量和数量也最高;而在超过 5 年之后,由于团队成员彼此太过熟悉,会导致认识趋同,形成整体思维的定式,从而使组织丧失活力。要解决这一问题,需通过人力资源的流动对组织进行改造。卡兹的组织寿命学说从组织活力的角度表明了人员流动的必要性和重要性。

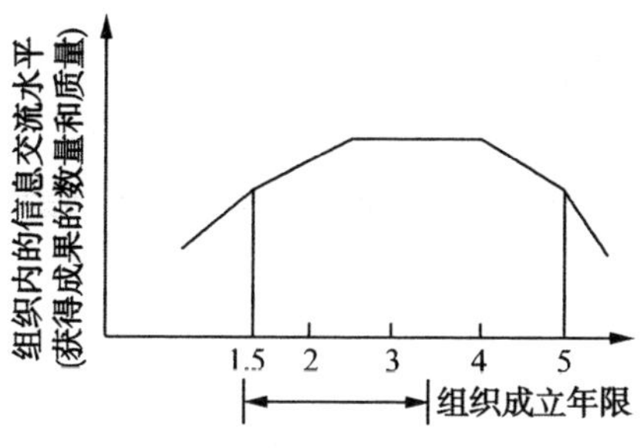

图 7-3 "卡兹曲线"示意图

目前,我国体育教练员区域分布、项目分布不均衡。教练员资源主要分布在经济发达地区和奥运项目、优势项目中,呈现奇缺与积压并存的局面。随着市场在人才配置中作用的日益凸显、教练员人力资本边界的清晰以及职业中介市场的健全,竞技体育教练员必将实现更好的流动流动路径和流动形式将更加多样。由原有的行政命令型流动向自由的区域水平流动、国际流动转变;由原有的单一流动形式向更多形式转变，如租借、互换、一次性买断、协议交流等。美国竞技体育的成功，很大程度上应归功于市场功效在竞技体育管理中得到了充分的展现和发挥。为实现我国教练员资源从计划配置到市场配置上的根本转变，确保流动的科学、合理，应大力培育和完善市场流动机制，让市场在教练员的配置中发挥基础性作用。

七、评价机制

我国当前竞技体育教练员的评价管理中，竞技训练成绩成为最重要的指标。虽然岗位管理、绩效考核也在逐步改进，但注重结果、注重量化这类“硬性”指标的考核依然是主流。未来随着战略型人力资源管理的推进，竞技体育教练员的评价管理将从注重结果到结果与过程并重。换言之，绩效管理更多地考虑个人与组织而不仅仅是个人与岗位的匹配，绩效管理将会是既重视结果，也注重过程，既考核量化指标，也考察个体的能力、态度等“软性”行为指标，既注重考核、评估，更关注计划、反馈。① 为达成这一目标，应形成更加科学地考核主体、程序、方法和标准，建立科学而易操作的评价指标体系，内外部评价相结合，运用多种评价手段综合测评。并将考核的功能与其他职能紧密相连，从而发挥整体功效。严格根据考核结果，确定教练员续聘、解聘或高一级聘用，真正实现人才能上能下、能进能出的动态、弹性管理机制。

---

① 参见石伟:《中国人力资源管理未来 10 年的十大趋势》,2011 年 1 月 26 日《中国劳动保障报》。

结　语

当前中国处于经济转轨和社会转型的时期，社会各个领域都在进行变革以跟上时代发展的步伐。竞技体育教练员的管理也正由计划经济时期的政府型管理，逐步向政府与社会结合型管理转变。由于政府是改革的主导者和推进者，且我国采取的是渐进式改革，这就使得我国竞技体育教练员的管理将在很长一段时间内处于新旧体制交叠之中，其管理体系的改革和完善也将是渐进式的。

发达国家的竞技体育教练员管理是一种法治框架下的社会化管理。教练员管理的职业化和规范化程度较高，职业认证制度相对健全，重视后续教育并提供有力保障，对于获得执教资格的教练员，大多采用竞聘制和契约化管理，管理体系较为成熟完善。

我国竞技体育教练员管理是竞技体育管理的有机组成部分，其发展演变的历程与竞技体育管理变革的轨迹相一致，并深受其影响和制约。

当前我国竞技体育教练员队伍与2005年相比，总量相对稳定，学历结构得以提升，年龄结构和职称结构也呈现出进一步优化的趋势；但同时也存在总量不足，高层次、领军型教练员人才匮乏，地区分布、项目分布不均衡，导致了教练员人才在不同区域和不同项目中呈现出奇缺与积压并存的现象。

竞技体育教练员的管理组织依然以行政性组织为主，组织体系有待进一步厘清。管理制度和运行机制虽然在不断完善，但仍表现出相对滞后，管理制度新旧交叠，规范化、专业化程度较低，运行机制的联动效应也有待提升，管理的系统性有所欠缺。

管理理念的滞后是导致竞技体育教练员管理中各类矛盾的根本原因，而体制僵化是造成教练员管理缺陷的直接诱因。

竞技体育教练员的管理受内、外部因素的共同作用和影响。竞技体育教练员自身发展需要、竞技体育项目发展需要等是竞技体育教练员管理改革的内部动因；而社会转型引发的管理体制改革、人事制度改革，成为竞技体育教练员管理变革的外部动因。

国家政治、经济体制决定着竞技体育教练员管理的性质和改革方向，国家经济发展的程度与规模影响着竞技体育教练员管理的方式，竞技体育自身的发展程度影响着竞技体育教练员管理的广度和深度，民族文化与传统制约着竞技体育教练员管理的理念和价值观念。

随着全球一体化的到来和体育国际化发展进程的加速，我国竞技体育教练员管理中的问题、冲突，应放在国际大背景下思考解决路径，借鉴其他国家竞技体育教练员管理的先进经验，以全球化视野创造出更加有效的管理体系，与国际竞技体育教练员管理接轨，为我国教练员的培养提供国际化平台。

竞技体育教练员的管理是我国体育事业管理的有机组成部分，因此，其管理体系的构建也要立足现实国情，基于未来市场化走向，尝试探索体育教练员管理的多元路径，构建与社会高度契合的、具有发展性和前瞻性的新型管理体系。

我国竞技体育教练员应从提升人力资本的角度入手，把各个管理环节整合成一个相互联系、相互制约、相互促进的大系统，进行整体审视和优化。达成管理环节之间的横向匹配和纵向疏通，从而形成一个从组织设置到职能划分、再到运行机制都更加科学、合理、完善的竞技体育教练员管理体系,使教练员管理工作走向规范化、有序化和科学化,更好地服务于建设体育强国和提升中国体育软实力的需要。

在管理理念方面,应以立足全球、整体协同、以人为本、多元管理、服务为先、法治为主、持续创新和发展以及重视效能等理念指导新时期竞技体育教练员管理体系的构建。

在管理组织方面,建立以教练员资质管理组织、聘用组织和中介组织为基本架构的水平分工型组织体系,并设立第三方监管机构,形成行政组织与社会组织分工合作、协调互补、相互制衡的组织体系,让竞技体育教练员管理组织走向性质多元、合理布局、协作共赢的格局。

在管理职权划分方面,建立与组织架构相匹配的职权体系,理顺各类产权关系,在利益整合的基础上重新进行利益分配,并规范获利行为,把握多方利益博弈中的平衡。

在管理制度方面,建立与组织架构和职权划分相适应的制度体系,围绕职业资格管理制度、职业市场规范制度、利益分配制度以及相关保障制度,构建完备的制度体系。

在运行机制方面,需要建立并不断完善协同、竞争、激励、监督约束、培养、评价以及流动等机制,以确保竞技体育教练员管理系统得以高效运作。

本书构建的管理体系在实施中定会遇到各类问题,对其进行反馈、评价和修正是保障教练员管理终极目标顺利达成的必要手段。因此,在进一步深入研究中,应对教练员管理进行评价体系的研究。

参考文献

一、中文参考文献

1. 陶铁胜:《中国传统文化与人力资源管理》,上海三联书店2000年版。

2. 赵曙明:《人力资源管理研究》,中国人民大学出版社2001年版。

3. 杨桦:《竞技体育与奥运备战重要问题的研究》,北京体育大学出版社2006年版。

4. 钟秉枢等:《社会转型期我国竞技体育后备人才培养及其可持续发展》,北京体育大学出版社2003年版。

5. 江美塘:《制度变迁与行政发展》,天津人民出版社2004年版。

6. 国家体育总局干部培训中心编:《新时期体育改革发展之研究》,北京体育大学出版社2001年版。

7. 成中英:《C理论:中国管理哲学》,学林出版社1999年版。

8. 陈维政等:《人力资源管理与开发高级教程》,高等教育出版社2004年版。

9. 侯风云:《中国人力资本形成及现状》,经济科学出版社1999年版。

10. 朱佩兰、钟秉枢、左琼:《教练员——中国体育腾飞的关键》,北京体育大学出版社2002年版。

11. 中华人民共和国国务院新闻办公室:《中国的人力资源状况》,2010年9月。

12.《国家中长期人才发展规划纲要(2010～2020年)》,2010年4月。

13. 吉承恕:《竞技体育教练员胜任力问题的研究》,天津大学博士学位论文,2011年。

14. 李宁:《我国教练员执教行为研究——基于三大球的实证分析》,北京体育大学博士学位论文,2009年。

15. 柳建庆:《中国篮球教练员职业地位获得研究》,北京体育大学博士学位论文,2009年。

16. 张运亮:《我国田径教练员职业劳动特征及其绩效考评研究》,北京体育大学博士学位论文,2010年。

17. 张守伟:《我国学校竞技体育教练员培训及认证系统研究》,东北师范大学博士学位论文,2010年。

18. 柴国荣:《我国田径教练员创新能力培养研究》,北京体育大学博士学位论文,2008年。

19. 范秦海:《对我国优秀田径教练员知识结构的研究》,河北师范大学博士学位论文,2008年。

20. 郭旭昌:《竞技体育教练员教练行为研究》,福建师范大学博士学位论文,2008年。

21. 曾丹:《中国足球教练员培训体系的发展现状和分析研究》,北京体育大学博士学位论文,2009年。

22. 高雪峰:《我国体育系统人才资源开发战略研究》,北京体育大学博士学位论文,2009年。

23. 关朝阳:《我国竞技体操人力资源开发的研究》,北京体育大学博士学位论文,2008 年。

24. 周建梅:《区域经济发展与体育人才培养》,北京体育大学博士学位论文,2005 年。

25. 宋全征:《中国竞技体育人才开发》,上海体育学院博士学位论文,2006 年。

26. 左琼等:《全国体育系统教练员人力资源状况分析》,《北京体育大学学报》2009 年第 9 期。

27. 许登云等:《我国 10 位成功教练员素质特征分析》,《成都体育学院学报》2010 年第 12 期。

28. 柴国荣、詹建国、高连峰:《我国现役高水平田径教练员现状研究》,《北京体育大学学报》2008 年第 8 期。

29. 肖天:《中国高层次教练员培养与成长的战略格局》,《武汉体育学院学报》2006 年第 3 期。

30. 郭波:《国内外体育管理体制的比较研究》,《中国商界》2009 年第 9 期。

31. 陆国田、段意梅:《日、英等五国教练员培训模式比较分析》,《考试周刊》2009 第 2 期。

32. 张贵敏等:《美国体育教练员标准》,《中国体育教练员》1996 年第 1 期。

33. 王芬等:《国家级教练员岗位培训的现状调研与对策》,《北京体育大学学报》2007 年第 10 期。

34. 刘洋等:《中德教练员岗位培训体制比较》,《体育学刊》2009 年第 3 期。

35. 邵伟德:《中、外教练员岗位培训若干问题的比较》,《中国体育科技》2001 年第 5 期。

36. 邓小芬译:《美国教练员的培训》,《中国教练员》1993 年第 2 期。

37. 洪涛等:《对澳大利亚教练奖学金培训计划和双导师培养模式的研究》,《山东体育学院学报》2008 年第 11 期。

38. 赵芳、孙民治:《我国高级篮球教练员现状调查与对策研究》,《武汉体育学院学报》2002 年第 2 期。

39. 尹军:《对我国部分项目优秀教练员知识结构的研究》,《武汉体育学院学报》2000 年第 1 期。

40. 李林:《我国专业体育教练员工作绩效结构模型研究》,《体育科学》2011 年第 4 期。

41. 李林、付东:《我国专业体育教练员工作绩效四因素结构模型探析》,《北京体育大学学报》2011 年第 5 期。

二、外文参考文献

1. Gary Dessler, *Human Resource Management*, Prentice Hall, 1999.

2. Paul E. Robinson, *Foundations of Sports Coaching*, Routledge,2009.

3. Leslie Bonci, "Sport Nutrition for Coaches," *Human Kinetics*, 2009(4).

4. A. Goslin, "Human Resource Management as a Fundamental Aspect of a Sport Development Strategy in South African Communities," *Journal of Sport Management*, 1996, 10 (2).

5. C. K. Youngr, K. K. Young, "Competencies for Fitness Club Instructors: Results of a Delphi Study," *International Journal of Applied Sports Sciences*, 2003, 15(1).

6. Jesse A. Steinfeldt, Brad D. Foltz etc., "Masculinity Socialization in Sports: Influence of College Football Coaches," *Psychology of Men and Masculinity*, 2011(12).

7. A. Castello, R. Domenech, "Human Capital Inequality and Economic Growth: Some New Evidence," *The Economic Journal*, 2002(4).

8. S. Chester Spell, Terry C. Blum, "Getting Ahead: Organizational Practices that Set Boundaries Around Mobility Pattern," *Journal of Organ Dysfunction*, 2000(3).

9. C. Ostroff, *Human Resource Management and Firm Performance: Practices, Systems, and Contingencies*, Working paper, Arizona State University, 2000.

10. P. W. Wright, W. R. Boswell, "Desegregating HRM: A Review and Synthesis of Micro and Macro Human Resource Management Research," *Journal of Management*, 2002(1).